EL **PADRE** QUE NUNCA
HAS **CONOCIDO**

EDWIN CASTRO

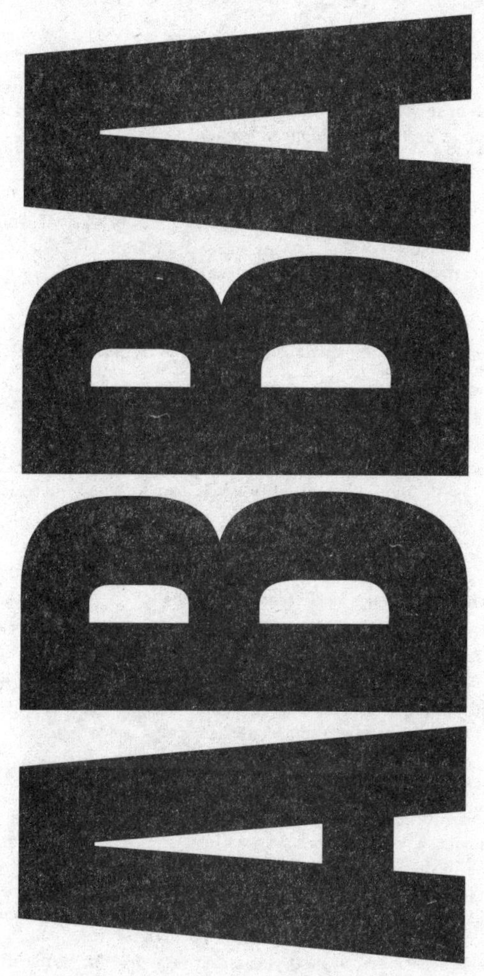

EL **PADRE** QUE NUNCA
HAS **CONOCIDO**

EDWIN CASTRO

La misión de Editorial Vida es ser la compañía líder en satisfacer las necesidades de las personas con recursos cuyo contenido glorifique al Señor Jesucristo y promueva principios bíblicos.

ABBA
Publicado por Editorial Vida – 2026
501 Nelson Place, Nashville, Tennessee, 37214, Estados Unidos de América
Editorial Vida es un sello de HarperCollins Christian Publishing, Inc.

HarperCollins Publishers, Macken House, 39/40 Mayor Street Upper, Dublin 1, D01 C9W8, Ireland.
(https://www.harpercollins.com)

ISBN: 978-0-82977-410-8
eBook: 978-0-82977-411-5
Audio: 978-0-82977-462-7

La información sobre la clasificación de la Biblioteca del Congreso está disponible previa solicitud.

CATEGORÍA: Religión / Vida Cristiana / Crecimiento espiritual

IMPRESO EN ESTADOS UNIDOS DE AMÉRICA
PRINTED IN THE UNITED STATES OF AMERICA

26 27 28 29 30 LBC 5 4 3 2 1

CONTENIDO

INTRODUCCIÓN

Desde mi infancia, mis padres me enseñaron el valor de la lectura de las Escrituras y cómo estas son parte esencial de la formación espiritual de todo creyente. Gracias a esta enseñanza, he leído completamente la Biblia en varias ocasiones y he llegado a una conclusión profunda: desde el principio hasta el final, la Biblia narra una sola historia: la de un Padre procurando la reconciliación con sus hijos. Más allá de relatos separados, guerras, conquistas, mandamientos, reinos, milagros y profetas, lo que realmente une toda la Escritura es el amor fiel y persistente del Padre Celestial hacia una humanidad caída y separada de su origen.

Aunque Dios se presenta con una gran cantidad de nombres en el Antiguo Testamento, con el nacimiento de Jesús, el Espíritu nos revela algo asombroso: todos los atributos de Dios y sus virtudes se condensan en un solo nombre: Abba, Padre.

Al enseñarnos a orar, Jesús dio un ejemplo claro. No se dirigió a un «Dios Todopoderoso», «el Eterno» o «el Creador del universo» —aunque estas descripciones son verdaderas—. Nos invitó, en cambio, a hablar con un ser cercano, accesible, familiar. Dijo: «Padre nuestro que estás en el cielo». Esa frase no es solo el inicio de una oración; es una invitación a regresar al lugar que perdimos en el Edén: una relación íntima, segura y confiada con nuestro Padre.

A lo largo de mi vida, he aprendido que la forma en que vemos a Dios como Padre está profundamente influenciada por la manera en que nos relacionamos con nuestros padres terrenales. Para muchos, este es un tema incómodo o incluso doloroso. No todos crecimos con un padre emocionalmente saludable. Algunos lo recuerdan como una figura ausente, duro, crítico o simplemente silencioso. Otros, lamentablemente, ni siquiera lo conocieron. Y aunque muchos sí tuvieron un padre a su lado, no siempre fue emocionalmente presente o disponible. Ni el mejor de los padres terrenales puede compararse con el Padre Celestial, a lo sumo, puede ofrecernos una imagen incompleta de lo que un padre saludable debe ser, que nos prepare para relacionarnos más fácilmente con Dios.

La sociedad moderna tiene una marca difícil de borrar y es la orfandad, no solo física, sino emocional y espiritual. Millones de niños crecen sin padres biológicos, pero muchos más lo hacen sin abrazos, palabras de afirmación, dirección, ni consejo. Nunca escucharon un «te amo» o «estoy orgulloso de ti». Este tipo de heridas no se quedan en el pasado de la niñez, acompañan al adulto, y se manifiestan en las relaciones, en la toma de decisiones y, sobre todo, en la manera de amar... incluso cuando intentan acercarse a Dios.

He visto cómo esta herida se manifiesta en la vida de todo tipo de personas, incluso creyentes sinceros. Personas que aman a Dios, pero no pueden acercarse a Él como hijos. Oran, sirven, dan... pero desde un lugar de esfuerzo, no desde la seguridad de su identidad como hijos de Dios. Muchos de ellos viven con la idea de tener que ganarse el amor de Dios, cuando en realidad ya son amados. Yo fui uno de ellos, por más de 29 años caminé en la fe sin entender realmente lo que significaba tener a Dios como mi Padre. Conocía la doctrina, lo que la Biblia decía, pero en lo profundo de mi ser había un vacío, un abismo en mi relación con Dios.

Después de buscar la sanidad de las heridas del pasado, el Espíritu Santo me hizo comprender algo: no fui creado para vivir como huérfano, fui creado para vivir como hijo, fui adoptado por medio de la obra de Cristo Jesús. Este libro nace de esa revelación, que para mí se ha convertido en la más importante que un creyente en Jesús puede llegar a tener. No es una teoría, es un camino real de regreso al corazón del Padre. Escribo para quienes, como yo, alguna vez se sintieron lejos, confundidos, heridos o desconectados. Escribo para quienes llevan una herida que nunca supieron nombrar, pero que han estado marcados por la inseguridad, el miedo al rechazo, la incapacidad de confiar o la necesidad constante de aprobación.

> Pues su Espíritu se une a nuestro espíritu para confirmar que somos hijos de Dios.
>
> Romanos 8:16, NTV

También escribo para abuelos, abuelas, padres y madres, porque nuestra sanidad personal se convierte en la herencia emocional y espiritual de nuestros hijos y nietos. Lo que no sanamos, lo repetimos. Lo que no vencemos, nuestros hijos lo tendrán que enfrentar. Pero, lo que Dios sana en nosotros, se transforma en legado, en la mejor herencia que se puede dejar. Hoy tienes la oportunidad de romper las cadenas de dolor, amargura y desconexión que han marcado tu historia familiar.

Creo con todo mi corazón que la mayor prioridad en nuestra vida debe ser regresar al diseño original: una humanidad que vive segura, amada y conectada al corazón de un Padre perfecto, como lo experimentó Adán en el Edén. Sabes que has llegado a ese lugar cuando, al dirigir tus palabras al cielo, no solo dices «Dios», sino que con confianza le llamas: «Abba, Padre».

> Y ustedes no han recibido un espíritu que los esclavice al miedo. En cambio, recibieron el Espíritu de Dios cuando él los adoptó como sus propios hijos. Ahora lo llamamos «Abba, Padre».
>
> Romanos 8:15, NTV

Así que, si alguna vez te has sentido solo, confundido, herido o desconectado, te invito a caminar conmigo por estas páginas. No para mirar el pasado con tristeza, dolor o resentimiento, sino para permitir que Dios te redima con su amor. No para estudiar un tema más, sino para volver a casa, porque tu Padre te está esperando.

Capítulo 1

EL HIJO PRÓDIGO

Hablar de la Paternidad de Dios se ha convertido en una de mis grandes pasiones, por mi experiencia personal cuando tuve un encuentro verdadero con el Padre Celestial. Ya habían transcurrido 29 años de mi vida, muchos de ellos dentro de la iglesia; sin embargo, no conocía realmente al Padre.

Me atrevo a decir que el Padre Celestial es el gran ausente en muchas de las iglesias, o mejor dicho, el más ignorado de la Trinidad. No me refiero a que sea poco mencionado o citado; muchas personas tienen una idea doctrinal de su existencia. Pero conocer su existencia no es lo mismo que tener una relación con Él. En mi vida, eso fue exactamente lo que ocurrió.

Al visitar iglesias por todo el continente, he constatado esto una y otra vez: muchas personas creen que hay un Padre y que son sus hijos, pero no entienden lo que eso implica. En muchos casos, viven una relación con Dios que es incompleta, porque no disfrutan de la revelación de su Paternidad.

Una de mis historias favoritas de la Biblia es la conocida como la «parábola del hijo pródigo». A mí me gusta llamarla «la parábola del Padre que ama sin condiciones». Quiero reflexionar sobre este relato para sustentar lo que afirmo.

Vamos a leer este texto en la Biblia. Por favor, no lo pases por alto solo porque ya lo conoces. Estoy convencido de que si te tomas el tiempo para analizarlo, podrás descubrir qué tipo de hijo describe tu relación con Dios. He escogido una versión de la Biblia que resalta detalles que muchos no han notado:

> Para ilustrar mejor esa enseñanza, Jesús les contó la siguiente historia: «Un hombre tenía dos hijos. El hijo menor le dijo al padre: «Quiero la parte de mi herencia ahora, antes de que mueras». Entonces el padre accedió a dividir sus bienes entre sus dos hijos.
>
> Pocos días después, el hijo menor empacó sus pertenencias y se mudó a una tierra distante, donde derrochó todo su dinero en una vida desenfrenada. Al mismo tiempo que se le acabó el dinero, hubo una gran hambruna en todo el país, y él comenzó a morirse de hambre. Convenció a un agricultor local de que lo contratara, y el hombre lo envió al campo para que diera de comer a sus cerdos. El joven llegó a tener tanta hambre que hasta las algarrobas con las que alimentaba a los cerdos le parecían buenas para comer, pero nadie le dio nada.
>
> Cuando finalmente entró en razón, se dijo a sí mismo: «En casa, hasta los jornaleros tienen comida de sobra, ¡y aquí estoy yo, muriéndome de hambre! Volveré a la casa de mi padre y le diré: "Padre, he pecado contra el cielo y contra ti. Ya no soy digno de que me llamen tu hijo. Te ruego que me contrates como jornalero"».
>
> Entonces regresó a la casa de su padre, y cuando todavía estaba lejos, su padre lo vio llegar. Lleno de amor y de compasión, corrió hacia su hijo, lo abrazó y lo besó. Su

hijo le dijo: «Padre, he pecado contra el cielo y contra ti, y ya no soy digno de que me llamen tu hijo».

Sin embargo, su padre dijo a los sirvientes: «Rápido, traigan la mejor túnica que haya en la casa y vístanlo. Consigan un anillo para su dedo y sandalias para sus pies. Maten el ternero que hemos engordado. Tenemos que celebrar con un banquete, porque este hijo mío estaba muerto y ahora ha vuelto a la vida; estaba perdido y ahora ha sido encontrado». Entonces comenzó la fiesta.

Mientras tanto, el hijo mayor estaba trabajando en el campo. Cuando regresó, oyó el sonido de música y baile en la casa, y preguntó a uno de los sirvientes qué pasaba. «Tu hermano ha vuelto—le dijo—, y tu padre mató el ternero engordado. Celebramos porque llegó a salvo».

El hermano mayor se enojó y no quiso entrar. Su padre salió y le suplicó que entrara, pero él respondió: «Todos estos años, he trabajado para ti como un burro y nunca me negué a hacer nada de lo que me pediste. Y en todo ese tiempo, no me diste ni un cabrito para festejar con mis amigos. Sin embargo, cuando este hijo tuyo regresa después de haber derrochado tu dinero en prostitutas, ¡matas el ternero engordado para celebrar!».

Su padre le dijo: «Mira, querido hijo, tú siempre has estado a mi lado y todo lo que tengo es tuyo. Teníamos que celebrar este día feliz. ¡Pues tu hermano estaba muerto y ha vuelto a la vida! ¡Estaba perdido y ahora ha sido encontrado!».

Lucas 15:11-32, NTV

Estudiemos de nuevo esta parábola buscando una revelación fresca del amor del Padre.

EL HIJO MENOR

En muchos lugares he dicho que, a mi parecer, este muchacho no estaba tan estaba tan extraviado como a veces creemos. Por favor, no cierres el libro, dame unos minutos para explicarme.

¿Por qué digo esto? Porque creo que él conocía su identidad. Sabía que era un hijo, y tenía claros los beneficios que eso implicaba. Por eso, aunque fue atrevido e incorrecto, pidió su herencia. No justifico su actitud, fue un gesto de independencia, desapego, rebeldía y falta de respeto. En esencia, le dijo a su padre: «Me vales más muerto que vivo».

Sin embargo, en cuanto a identidad, tenía clara su condición de hijo. Pensaba: *Como hijo, tengo derecho a la herencia*.

En los siguientes versículos encontramos otro punto muy relevante, cuando «entró en razón», reconoció su error:

> Cuando finalmente entró en razón, se dijo a sí mismo: «En casa, hasta los jornaleros tienen comida de sobra, ¡y aquí estoy yo, muriéndome de hambre! Volveré a la casa de mi padre y le diré: "Padre, he pecado contra el cielo y contra ti. Ya no soy digno de que me llamen tu hijo. Te ruego que me contrates como jornalero"».
>
> Lucas 15:17-19, NTV

¡El hijo menor sabía que la posición de hijo era distinta a la de siervo! Por eso razonó: «La estoy pasando bastante mal acá, ¡hasta los trabajadores de mi papá están mejor que yo!, como me equivoqué y fui rebelde, ofendí a mi papá y lo deshonré, le voy a pedir que me reciba sin los beneficios que tienen los hijos, pero que por lo menos me contrate para trabajar en su hacienda y no morir de hambre».

Comprendió que su falta había sido grave y no se sintió digno de recuperar los privilegios de hijo.

Su rebeldía lo llevó a la pobreza, soledad, hambre y humillación. Todo cambió cuando el padre lo recibió con un abrazo, un beso, un anillo, calzado y vestido nuevo.

¿Te identificas con este muchacho? Sabes que eres hijo pero vives sin honrar a Dios ni sus mandatos. Su historia muestra dónde puede terminar una persona rebelde. Hoy te invito a reflexionar, a reconocer tu camino, y a volver al Padre. Recuerda que Él tiene el mejor plan para ti.

Estar lejos de los planes y propósitos que el Padre tiene para ti, te llevará a la muerte. Algunos dicen: ¡Pero él no murió! Leamos de nuevo:

> Sin embargo, su padre dijo a los sirvientes: «Rápido, traigan la mejor túnica que haya en la casa y vístanlo. Consigan un anillo para su dedo y sandalias para sus pies. Maten el ternero que hemos engordado. Tenemos que celebrar con un banquete, porque este hijo mío estaba muerto y ahora ha vuelto a la vida; estaba perdido y ahora ha sido encontrado». Entonces comenzó la fiesta.
>
> Lucas 15:22-24, NTV

No mueras a los Planes y Propósitos que Dios tiene para ti. Mientras en casa había banquete, el hijo menor comía comida de cerdos. Mientras allí había soledad, en casa lo esperaban el abrazo y el beso del Padre. Mientras vivía humillado, en casa había dignidad. Mientras estaba perdido, en casa lo esperaban nuevos zapatos para caminar en su Destino.

EL HIJO MAYOR

Cuando comparto esta enseñanza suelo decir en tono jocoso: Si el hijo menor que comía comida de los cerdos «estaba mal», el mayor estaba peor.

Cuando regresa a casa, el hijo mayor escucha la fiesta y reacciona con enojo. Y aquí comienzan a notarse ciertos patrones inadecuados en él; por ejemplo, en la parábola no encontramos un momento en el que este muchacho llame «papá» a su padre, al parecer, se le hacía más fácil hablar con «un siervo» antes que con él directamente. Sus argumentos no se basan en su identidad como hijo, sino en sus obras. Él le dice algo similar a lo siguiente: «Todos estos años he trabajado como un "burro" y no me has dado nada». En el original, «he trabajado para ti», puede traducirse como «he sido tu esclavo».

Si eres padre, imagina que tu hijo te dice: «Papá, me debes una bicicleta porque he lavado el carro y hecho los quehaceres».

Un hijo puede hacer estas cosas, pero no es la razón por la que recibe algo. Recibe porque es hijo, no por lo que hace.

Con esto trato de decir que el buen comportamiento no debe ser el medio para obtener algo del padre, sino que debe ser la respuesta a la relación con ÉL, es decir, un hijo debe tener un buen comportamiento porque honra y respeta a su padre, no para recibir algún beneficio de su parte. El hijo mayor creía que su valor estaba en su rendimiento. Nunca se dirige al padre con confianza. Incluso reclama que no le han dado un cabrito para celebrar con sus amigos.

Cuando mis ojos fueron abiertos a este reclamo, me sorprendí en gran manera. Volvamos al principio de la parábola:

> Para ilustrar mejor esa enseñanza, Jesús les contó la siguiente historia: «Un hombre tenía dos hijos. El hijo menor le dijo al padre: "Quiero la parte de mi herencia ahora, antes de que mueras". Entonces el padre accedió a dividir sus bienes entre sus dos hijos.
>
> Lucas 15:11-12, NTV

Escogí esta versión de la Biblia porque es bastante clara. El verso 12 nos dice que el padre ya había repartido los bienes entre ¡los dos hijos!

Sin embargo, el hijo mayor vivía como si no tuviera herencia. Vivía en la casa, pero no se sabía hijo. Y según Deuteronomio 21:17, a él le correspondía el doble que a su hermano.

¿Por qué se quejaba? La respuesta es obvia, no conocía su verdadera identidad. Ese muchacho basaba todo su valor en lo que hacía y no en quién él era. Vivía como un esclavo. Un esclavo dueño de un cabrito sigue siendo esclavo.

En muchas iglesias, los creyentes se parecen al hijo mayor. Han sido programados para hacer, servir, cumplir, pero no para conocer al Padre. Se les ha enseñado: «Si no sirves, no sirves». Esta expresión hace referencia a lo siguiente: «Si no haces cosas en la iglesia, entonces no eres de valor para el ministerio». Este tipo de afirmación solo ha reforzado lo que muchos escucharon en casa: «Te amo si te portas bien».

El punto fundamental que deseo comunicar es que las heridas del pasado dificultan conocer al Padre. Las relaciones con papás ausentes, violentos o abusivos han dañado la imagen que muchos tienen de Dios. Algunos ni siquiera conocieron a su padre terrenal.

Un día escuché a un predicador decir: «La estrategia número uno de Satanás para destruir a los niños es llevarse a los papás de casa». Y es cierto. Sin una figura paterna, muchos buscan identidad en lugares, personas o actividades.

Quiero invitarte a un recorrido emocionante para conocer al Padre Celestial. Como dijo Felipe:

> Señor, muéstranos al Padre, y nos basta.
>
> Juan 14:8, RVR1960

Pido a Dios que este material sea una herramienta poderosa en tu proceso de sanidad y reconciliación con ese Padre, que como en la parábola, ama sin medida y sale al encuentro del hijo, esté perdido lejos o dentro de casa.

Capítulo 2

DE REGRESO AL EDÉN

Si, alguien me dijera algo como: «Escoge una última predicación y después de eso vas a morir», sin duda alguna, el tema sería la Paternidad de Dios. Esto para mí es lo más transformador y revelador que una persona puede experimentar en su relación con el Señor.

Tuve la bendición de nacer en un hogar cristiano; un hogar donde hablar de la iglesia era habitual, sin embargo, aunque asistía a la congregación, escuchaba predicaciones y cantaba canciones cristianas, me llevó casi treinta años llegar a conocer a Dios como mi Padre Celestial.

Yo sabía que existía un Dios, que había canciones que mencionaban al Padre y decían Abba (que significa papito), pero saberlo no era lo mismo que vivir como un verdadero hijo de Dios.

No sé cuál sea tu circunstancia, ni el tiempo que llevas asistiendo a la iglesia o creyendo en el Señor; no sé hace cuánto aceptaste a Jesús como tu Salvador, si lo has hecho. No sé si te encuentres al igual que yo lo estaba, sabiendo que tu destino sería el Cielo, pero desconociendo al Padre Celestial.

Yo entendía que iría al Cielo, pues era el regalo de gracia por haber aceptado a Jesús en mi corazón; pero en realidad, no conocía al Padre Celestial. Es por eso que quisiera compartirte algo muy importante, que yo llamo el Plan Original y que significa la primera idea de Dios para la humanidad. Está escrito en los capítulos uno y dos del libro de Génesis.

Es probable que, como sucedió en mi caso, tus abuelos o padres te hayan hablado de ciertas cosas que decidiste creer y defender por años, pero nunca las comprobaste o te fueron útiles. En mi caso, por mucho tiempo fui simpatizante de un partido político en mi país de origen y jamás me detuve a investigar en su plataforma de gobierno, simplemente, en mi casa éramos de ese partido político. ¿Por qué? No sé, en realidad, en el pasado alguien de la familia tomó esa decisión y las siguientes generaciones lo seguimos.

¿Quién no bebió jugo de zanahoria para mejorar su visión? Bueno, pues como muchos, yo lo tomé y realmente no funcionó. ¿A cuántas mujeres embarazadas con agrieras o ardor en el estómago les dijeron: «Es que tu hijo tiene mucho cabello y por eso te sientes así»? ¡Pues las engañaron! El punto es que este tipo de afirmaciones se convertían en verdades que eran aceptadas y creídas de una generación a otra, hasta que se volvían algo de dominio general.

Quiero compartir uno de esos mitos frecuentes, es decir, una «verdad popular» que es en realidad una distorsión bíblica que hoy es aceptada. Me refiero a creer que todos los seres humanos son hijos de Dios; tal vez, también lo pienses, sin embargo, la Biblia no dice eso. Ahora mismo quiero pedirle al Espíritu Santo que me ayude a compartir, con base en la Palabra de Dios, la realidad respecto a una declaración como esa. ¿En realidad todos los seres humanos son hijos de Dios? ¿O no es así?

HIJOS DE DIOS

Estoy convencido de que no todos los seres humanos son hijos de Dios. La Biblia lo establece, hay dos tipos de personas: criaturas e hijos. Por decirlo de alguna manera, en la vida de los seres humanos hay un cambio de estatus en determinado momento, que es marcado por el encuentro más importante que alguien puede tener, y es precisamente el encuentro con Jesucristo.

Sabemos que este no es un evento cualquiera, pues es el instante en el que reconocemos que estábamos separados de Dios por el pecado, nos arrepentimos y lo recibimos como nuestro Señor y Salvador.

Permíteme contarte una historia personal; llegué en el año 2000 a Estados Unidos con mi familia, por un traslado de una compañía multinacional en la que trabajaba. En ese entonces, era un ejecutivo y por medio de una visa especial para empresarios pude establecerme de manera legal en ese país. Esa visa tenía un beneficio muy importante, pues al cumplir el primer año de vigencia me permitía aplicar para convertirme en un residente permanente de dicha nación; con el pasar de los años, mi objetivo era ser un ciudadano del país. En mi caso, tuve lo que el departamento de inmigración llama «cambio de estatus», pues en principio era un ciudadano extranjero con una visa de trabajo, luego un residente permanente y por último, después de casi diez años de iniciar ese proceso, un ciudadano de

Estados Unidos. Cada cambio de estatus estuvo acompañado de ciertas obligaciones y también de privilegios; por ejemplo, en el momento en el que me convertí en ciudadano, obtuve el derecho de votar, pero de igual forma tuve que renunciar a la fidelidad con cualquier otra nación.

En la vida de fe sucede exactamente lo mismo; todos los seres humanos que han nacido durante la historia son criaturas. La Palabra del Señor enseña que no todos se han convertido en sus hijos e hijas.

No sé si conoces la diferencia entre hijo y criatura, pero es necesario fijar un fundamento sólido para lo que aprenderemos en los siguientes capítulos:

> Vino a lo que era suyo, pero los suyos no lo recibieron. Mas a cuantos lo recibieron, a los que creen en su Nombre, les dio el derecho de ser hijos de Dios.
>
> Juan 1:11-12

Al referirnos a este derecho, algunas versiones dicen: les concedió la potestad, y otras, les dio el privilegio de llegar a ser hijos de Dios.

El apóstol Pablo hace un énfasis muy especial cuando se dirige a la iglesia en Galacia:

> Todos ustedes son hijos de Dios mediante la fe en Cristo Jesús.
>
> Gálatas 3:26

De igual forma, el apóstol Juan nos recuerda lo siguiente:

> ¡Fíjense qué gran amor nos ha dado el Padre, que se nos llame hijos de Dios! ¡Y lo somos! El mundo no nos conoce, precisamente porque no lo conoció a Él.
>
> 1 Juan 3:1

Solo un encuentro verdadero con Jesús (que depende de Él y de tu decisión), te llevará a una comunión genuina con el Padre Celestial; este es un proceso que la Biblia llama adopción, es decir, un cambio de estatus espiritual, donde pasamos de ser criaturas a convertirnos en hijos e hijas de Dios por la obra de Jesús en la cruz.

> Todo el que cree que Jesús es el Cristo ha nacido de Dios, y todo el que ama al padre ama también a sus hijos.
>
> 1 Juan 5:1

Es fundamental comprender que los seres humanos no nacemos siendo hijos de Dios, sino que llegamos a serlo a través de la fe en Jesucristo. ¿Por qué esto es tan relevante? Porque, como enseña la Biblia, conocer la verdad nos hace libres, y esta es una verdad liberadora. Quizás has oído que todas las religiones o caminos llevan a Dios; sin embargo, esto es peligroso, porque **la Biblia no lo enseña así**.

Hace algunos años vi una entrevista a un predicador muy conocido y un influyente periodista le preguntó: «¿Entonces, sin creer en Jesús, no se puede llegar al cielo?». Su respuesta me sorprendió, pues el predicador dijo: «Bueno, no me corresponde juzgar, solo Dios puede determinarlo». Pero la verdad es que Dios ya lo determinó: el único camino al cielo es Jesús.

La Biblia afirma:

> De hecho, en ningún otro hay salvación, porque no hay bajo el cielo otro nombre dado a los hombres mediante el cual podamos ser salvos.
>
> Hechos 4:12

> El que tiene al Hijo, tiene la vida; el que no tiene al Hijo de Dios, no tiene la vida.
>
> 1 Juan 5:12, NTV

Es decir, si no es por medio de Jesús, como decimos popularmente, ¡no te vistas que no vas!

En este punto debo hacer un gran énfasis en recordar el fundamento de nuestra fe, pues me impresiona escuchar algunas conclusiones a las que llegan varias personas. Los que no niegan o no tienen dudas de la existencia de Dios, dicen cosas como: «Dios es la naturaleza, los árboles, la tierra, yo tengo a Dios dentro de mí». Es curioso que hablar de Dios en televisión o redes sociales no genera conflicto, pero si se menciona a Jesús, comienzan los problemas.

Por eso debemos tener presente el verdadero fundamento de nuestra fe: Jesucristo, su nacimiento, vida, muerte y resurrección.

Otra frase que escucho con frecuencia es: «Yo no soy religioso, soy espiritual». ¿Lo has escuchado?; ¿pero qué significa ser espiritual? Para muchos, ser espiritual se reduce a sentarse en posturas específicas, ambientar el lugar con colores y velas aromáticas, respirar profundo o simplemente meditar.

Es cierto que todo ser humano puede desarrollarse espiritualmente, y empieza a lograrlo en el instante en que tiene un encuentro personal con Jesucristo, ya que, antes de ese momento, como enseña la Palabra, el espíritu está muerto.

Alguien podría preguntarme: ¿Qué pasa con quienes no creen en Jesús? ¿De verdad estás diciendo que no son hijos de Dios, que no tienen vida eterna y están lejos de Él? Sí, eso es lo que digo. ¿Es radical? No, es simplemente bíblico.

Cada vez más enfrentaremos cuestionamientos similares y situaciones donde nuestra fe será probada; habrá momentos en los que tendremos que decidir si confesamos a Jesús o no. Por eso, este libro se basa en la Biblia. Es mi anhelo que puedas desarrollar una fe sólida que debe ser construida sobre la verdad inmutable de las Escrituras.

Siguiendo lo que la Palabra de Dios dice, tengo que decirte que los musulmanes no van a estar en el cielo, que las personas que creen en Buda o en cualquier cosa, individuo o ente fuera de Jesús, tampoco lo estarán.

¿Sientes resistencia interior al leer esto? Para la fe cristiana esto es un motivo de celebración. Tal vez, algunos pueden decir: «Esto es muy fuerte, es muy radical», pero ¿qué hago? La Biblia es clara y directa: **hay un solo camino, una sola verdad y una sola vida hacia el Padre, y ese es Jesús**. Por eso es urgente predicar el evangelio.

No es mi intención asustarte al hablar de la muerte, pero sí quiero que tomes conciencia de ella. La Biblia declara:

> Y así como está establecido que los seres humanos mueran una sola vez, y después venga el juicio, también Cristo fue ofrecido en sacrificio una sola vez para quitar los pecados de muchos; y aparecerá por segunda vez, ya

> no para cargar con pecado alguno, sino para traer salvación a quienes lo esperan.
>
> Hebreos 9:27-28

El libro de los Hechos agrega:

> Y todo el que invoque el nombre del Señor será salvo.
>
> Hechos 2:21

¿Cuál es el Señor que se menciona aquí? Si leemos los dos versículos anteriores, podemos notar que están hablando de Jesús, el autor y finalizador de la fe. De igual forma, Lucas nos continúa explicando:

> Jesucristo es «la piedra que desecharon ustedes los constructores, y que ha llegado a ser la piedra angular». De hecho, en ningún otro hay salvación, porque no hay bajo el cielo otro nombre dado a los hombres mediante el cual podamos ser salvos.
>
> Hechos 4:11-12

No puedo decirlo de otra forma, cuando la Biblia menciona la palabra Señor no se refiere a Buda, Mahoma o la virgen María; no habla de un santo de alguna religión, habla de Jesucristo. No quisiera que alguien se ofendiera, aunque sé que a muchos les puede afrentar la verdad, pero me es necesario insistir en lo que declara la Biblia.

> El que tiene al Hijo, tiene la vida; el que no tiene al Hijo de Dios, no tiene la vida.
>
> 1 Juan 5:12

Con Jesús tienes vida, sin Jesús no la tienes. Con Jesús vas a ir al cielo cuando mueras, sin Jesús, el destino es el infierno. El mejor mensaje que puede escuchar una persona que va por primera vez a una congregación, es que no tiene que estar separada de Dios por toda la eternidad, pues hay un Padre Celestial dispuesto a perdonar y que ofrece la oportunidad de estar con él por siempre.

> Porque hay un solo Dios y un solo mediador entre Dios y los hombres, Jesucristo hombre, quien dio su vida como rescate por todos. Este testimonio Dios lo ha dado a su debido tiempo.
>
> 1 Timoteo 2:5-6

La Biblia dice que en este momento Jesús está sentado a la diestra del Padre, intercediendo por ti y por mí; solo el Espíritu Santo te puede dar la convicción de lo que estás leyendo. Estoy escribiendo en contra de las mentiras que muchos han creído por años, pues sé que hay personas que son más fieles a sus tradiciones o a lo que su familia o grupo social cree que a la Biblia. La pregunta obligatoria en este momento es, ¿qué dicen las Escrituras? Las personas que creen en Jesús deben estar dispuestas a leer la Palabra todos los días y desde esa experiencia establecer sus creencias y posiciones frente a la vida.

Te invito a que abraces la fe verdadera en tu Padre Celestial y en su hijo Jesucristo. Ante esta invitación, algunas personas se sienten mal porque piensan que están traicionando a su familia o a una religión, pero en realidad, lo que están dejando atrás es una tradición, que en muchos casos ni siquiera se conoce con profundidad, sino que se heredó y se hizo propia sin conocer sus fundamentos.

Hoy podemos entender de mejor manera lo que la Biblia dice:

> Porque tanto amó Dios al mundo que dio a su Hijo unigénito, para que todo el que cree en Él no se pierda, sino que tenga vida eterna. Dios no envió a su Hijo al mundo para condenar al mundo, sino para salvarlo por medio de Él.
>
> Juan 3:16-17

Espero que hoy puedas comprender quién es Jesús en realidad, y sepas que no hay otro mediador ni otro camino a Dios, **solo Jesús**.

¿Qué relación tiene todo esto con el título del capítulo? Se refiere a regresar al Edén, volver al origen. El plan original de Dios para todos nosotros está en los capítulos uno y dos del libro de Génesis. Si quieres saber cuáles fueron los pensamientos de Dios para la humanidad, allí se encuentran; por ejemplo, en los capítulos mencionados no hay dolor, enfermedad, adicciones, depresión o deuda. Adán no tenía que estar pensando ¿de dónde voy a sacar para la hipoteca de este mes? Nada de eso.

Lo que vemos con claridad es una relación de intimidad, bendición, provisión, salud, abundancia, felicidad, gobierno, multiplicación, influencia y liderazgo. Ese ha sido el plan original de Dios.

Génesis 3 es uno de los pasajes más oscuros de la Biblia, ¿por qué? Porque allí se quebranta todo lo que nombramos antes; ahí se describe el «grito» de independencia del hombre con respecto al plan de Dios. Satanás convence a Eva y le dice: «Yo tengo un mejor plan, Dios no te ha contado todo, hay algo más que te ha escondido»; ella responde (parafraseando): «¿En serio?, vamos a probar». Eso causa, entonces, la separación del hombre con el Creador por el pecado. Pero el Altísimo, en su inmenso amor, declara la primera profecía sobre Jesucristo antes de que se acabe ese capítulo. Desde Génesis Dios le dijo a Satanás cómo iba a terminar todo.

> «Pondré enemistad entre tú y la mujer, y entre tu simiente y la de ella; su simiente te aplastará la cabeza, pero tú le morderás el talón».
>
> Génesis 3:15

Lo que creo que Dios le quiso decir fue «Vas a herir a Jesús, pero la historia no terminará allí. Él te aplastará la cabeza. ¿Por qué? Porque el Señor destruirá el poder que obtuviste por medio de la confusión del hombre».

Desde el capítulo tres, Dios anuncia: «Voy a regresar todo a mi diseño original».

Entonces, Jesús aparece en escena y cuando está listo para ser bautizado, el Padre lo afirma y le dice este es mi Hijo amado. Él sale al desierto, ayuna por cuarenta días, es tentado, sale victorioso y dice la Biblia que regresa de esa tentación y de ese ayuno en el poder del Espíritu Santo, por lo cual, se dedica a ministrar por los siguientes tres años y medio:

> Desde entonces comenzó Jesús a predicar: «Arrepiéntanse, porque el reino de los cielos está cerca».
>
> Mateo 4:17

Permíteme explicarlo; desde entonces Jesús empezó a predicar: «Arrepiéntanse de sus pecados porque vengo a restablecer el Edén. Vengo a restablecer la relación quebrada por el pecado, vengo a establecer un puente de comunicación que vuelva a reconciliar a Dios con la humanidad». Esta es la misión de la Iglesia de Jesucristo.

> Todo esto proviene de Dios, quien por medio de Cristo nos reconcilió consigo mismo y nos dio el ministerio de la reconciliación: esto es, que en Cristo, Dios estaba reconciliando al mundo consigo mismo, no tomándole en cuenta sus pecados y encargándonos a nosotros el mensaje de la reconciliación.
>
> 2 Corintios 5:18-19

En resumen, el mensaje de la primera predicación de Jesús fue: «He venido a restaurar lo perdido; a que regreses al diseño original que mi Padre pensó para ti desde el principio»; por eso, para un hijo de Dios, la lectura de la Biblia no es opcional, la cercanía a las Escrituras es la mejor muestra de cercanía al Señor. Si eres de aquellos que dicen: «Voy a la iglesia, pero no leo la Biblia», en realidad, lo que estás expresando es: «No me interesa saber lo que Dios está hablando». Tú puedes ir el domingo a la iglesia y escuchar a un predicador (seguramente de Dios), pero debes tener la capacidad de juzgar y sopesar cada predicación. ¿Cómo puedes saber si un mensaje fue bueno, si no sabes lo que el Padre Celestial ha dicho?

Imagina por un momento que una persona me dice que quiere profundizar su relación conmigo, que le gustaría ser mi amigo y conocerme mejor; a continuación yo le digo: «Bien, vamos a empezar una amistad». Entonces, aquella persona tiene una idea y me dice que nos vayamos de vacaciones por dos semanas, pues en ese viaje tendremos una gran oportunidad para conocernos;

sin embargo, me pide lo siguiente: «Durante esas dos semanas no me hables».

Ante tal petición, yo pensaría: *Esta persona quiere tener una amistad conmigo, quiere conocerme, me plantea un viaje de vacaciones durante dos semanas, pero ¿en esas dos semanas no quiere que le hable?, ¡eso no tiene sentido!* Tampoco tiene sentido un creyente que le dice al Señor que lo quiere conocer, pero no lee la Biblia. Recuerda que no puedes separar a Dios de su Palabra.

> Jesús tenía unos treinta años cuando comenzó su ministerio. Era hijo, según se creía, de José, hijo de Elí, hijo de Matat, hijo de Leví, hijo de Melquí, hijo de Janay, hijo de José, hijo de Matatías, hijo de Amós, hijo de Nahúm, hijo de Eslí, hijo de Nagay, hijo de Máat, hijo de Matatías, hijo de Semeí, hijo de Josec, hijo de Judá, hijo de Yojanán, hijo de Resa, hijo de Zorobabel, hijo de Salatiel, hijo de Neri, hijo de Melquí, hijo de Adí, hijo de Cosán, hijo de Elmadán, hijo de Er, hijo de Josué, hijo de Eliezer, hijo de Jorín, hijo de Matat, hijo de Leví, hijo de Simeón, hijo de Judá, hijo de José, hijo de Jonán, hijo de Eliaquín, hijo de Melea, hijo de Mainán, hijo de Matata, hijo de Natán, hijo de David, hijo de Isaí, hijo de Obed, hijo de Booz, hijo de Salmón, hijo de Naasón, hijo de Aminadab, hijo de Aram, hijo de Jezrón, hijo de Fares, hijo de Judá, hijo de Jacob, hijo de Isaac, hijo de Abraham, hijo de Téraj, hijo de Najor, hijo de Serug, hijo de Ragau, hijo de Péleg, hijo de Éber, hijo de Selaj, hijo de Cainán, hijo de Arfaxad, hijo de Sem, hijo de Noé, hijo de Lamec, hijo de Matusalén, hijo de Enoc, hijo de Jared, hijo de Malalel, hijo de Cainán, hijo de Enós, hijo de Set, hijo de Adán, **hijo de Dios**.
>
> Lucas 3:23-38

Jesús viene a regresarnos al Edén y no hablo de un lugar físico, sino de una relación y una posición. Esta es la historia del evangelio. Lo que trato de mostrarte, es que en realidad la Biblia es la historia de un Rey y su Reino; la historia de su familia real, de la cual tú y yo somos parte.

Posiblemente ahora comprendes de mejor manera el siguiente versículo:

> Mas a cuantos lo recibieron, a los que creen en su Nombre, les dio el derecho de ser hijos de Dios.
>
> Juan 1:12

En el capítulo dos del libro de Filipenses, se resume de una manera impresionante la historia de Jesús:

> La actitud de ustedes debe ser como la de Cristo Jesús, quien, siendo por naturaleza Dios, no consideró el ser igual a Dios como algo a qué aferrarse. Por el contrario, se rebajó voluntariamente, tomando la naturaleza de siervo y haciéndose semejante a los seres humanos. Y, al manifestarse como hombre, se humilló a sí mismo y se hizo obediente hasta la muerte, ¡y muerte de cruz!
>
> Por eso Dios lo exaltó hasta lo sumo y le otorgó el Nombre que está sobre todo Nombre, para que ante el Nombre de Jesús se doble toda rodilla en el cielo y en la tierra y debajo de la tierra, y toda lengua confiese que Jesucristo es el Señor, para gloria de Dios Padre.
>
> Filipenses 2:5-11

No existe otro nombre, otro camino ni otra verdad. No sé cuál sea tu historia de fe, pero en estas líneas te confirmo lo que dice la Biblia.

Capítulo 3

PERFIL DE UNA GENERACIÓN HUÉRFANA

Estudiando el tema de la Paternidad de Dios, entendí que el proceso de degradación social actual ha sido provocado por la orfandad espiritual, de eso quiero hablarte en este capítulo.

¿QUIÉN ES UN HUÉRFANO?

Según la Real Academia Española, un huérfano es alguien que, por ausencia de sus padres, debe quedar al cuidado de un tercero hasta llegar a la edad adulta. Uno que no tiene apellido, que no tiene heredad, que no tiene hogar, que tiene que pagar por su alimento y bebida o vivir por la caridad de un tercero.

Tradicionalmente, se asocia la orfandad con la muerte de los padres. Pero si analizamos esta definición, nos dice que es alguien que por la ausencia de los padres debe quedar al cuidado de un tercero o cuidarse por sí mismo. Lamentablemente en muchos casos no hay necesidad de que mueran los padres para que una persona sufra abandono o peor aún, orfandad. El desapego, descuido, maltrato y ausencia, tanto física como emocional, lleva a que en muchas personas opere un espíritu de orfandad que les hace pensar, actuar, relacionarse y dirigir su vida de una manera poco saludable. Quizá al leer esto comiences a identificar patrones en tu vida y descubras la raíz emocional de muchas luchas internas.

Vivimos en una generación marcada por la ausencia de padres y madres en la crianza de sus hijos; algunos por voluntad propia, otros por desconocimiento o porque ellos mismos han sido víctimas y no tienen capacidad de romper ciclos destructivos con sus hijos. Ante la inmoralidad tan abrumadora que estamos viviendo, son millones los bebés que son asesinados, en su gran mayoría, producto del libertinaje. Muchos de los que no son abortados nacen en medio de condiciones muy desfavorables como escasez económica, inmadurez de sus padres, falta de educación y oportunidades. Hay personas que no tienen una pareja estable y esto es muy dañino para los hijos, pues ellos no ven un ejemplo de familia saludable.

Muchos de los jovencitos que se encuentran con la realidad de ser padres, no tienen conciencia de lo que significa engendrar, ni mucho menos criar y levantar hijos sanos en sus emociones. No busco generar culpa por errores pasados en la crianza, sino despertar conciencia sobre el rol irremplazable de los padres.

El plan que el Padre Celestial tiene para todos nosotros es bueno y agradable, sin embargo, en este proceso de estudio es posible que algunos entendamos que hemos tomado malas decisiones y que lo hicimos a pesar del amor por nuestros hijos; pero aún hay tiempo para corregir esos errores. Este libro tiene dos objetivos, el primero es que sirva como una herramienta preventiva para aquellos que aún no son padres; el segundo es que sea de utilidad para la rectificación, sanidad y restauración del pasado para los que hemos cometido errores en la crianza.

A continuación, compartiré algunas estadísticas que nos permitirán comprender de mejor manera lo que estamos enfrentando. Si eres padre o madre soltera, por favor, no permitas que sentimientos de temor, culpa, desasosiego o desesperanza te atrapen.

Quiero hablarles especialmente a los varones: Dios nos ha confiado una responsabilidad sagrada que no se limita a los hijos biológicos. Pido al Espíritu Santo que a partir de este día, veas a tus sobrinos, nietos y demás familiares menores, a todos los niños y niñas que están cerca de ti de una manera diferente.

Una de las cargas más difíciles que tengo que enfrentar en el día a día como pastor, es escuchar las historias de madres solteras; veo mujeres que admiro que con escasos recursos crían uno, dos, tres o más niños; ellas se levantan temprano y trabajan hasta tarde. En algunos casos, tratan de capacitarse para ser aún mejores profesionales y ganar un poco más de dinero; otras, con escasos recursos pagan una casa, un carro, la educación y todo el sostenimiento de sus hijos. ¡Las admiro profundamente! Ellas están muy cerca del corazón de Dios y su labor es indescriptible, aunque su gran esfuerzo no puede suplir todo lo que sus niños necesitan; por esta razón, se requiere que los varones tomen conciencia.

No importa que no tengas hijos, la paternidad es una decisión y te puedes convertir en una figura de sanidad para muchos pequeños que no tienen a su padre en casa.

Hace falta una generación de hombres íntegros que sirvan de ejemplo a niños y niñas que necesitan escuchar que los aman, sentir un abrazo; por tal razón, es urgente tener más conciencia; los pequeños que están a tu alrededor, varón, no están por casualidad.

Quiero aclarar que no estoy quitando mérito o poniendo en segundo plano la labor de la mujer, solo deseo enfatizar que tenemos roles y funciones totalmente diferentes. La mayor influencia para los niños que están creciendo en esta generación proviene de mujeres, ¿hay algo de malo con eso? No, pero se requiere de una influencia varonil, porque de lo contrario los niños no crecerán completos en sus emociones. Déjame explicarte: cuando los niños asisten a la escuela, ¿a quién ven? Maestras. Cuando van a las iglesias, ¿qué encuentran? Más maestras; además, cada día crecen las heroínas y los hombres son ridiculizados en las películas. Con frecuencia, las madres son quienes están presentes en el desarrollo de los niños, sus tías son las que están alrededor y quizá, alguno tiene la ventaja de que en el instante que inicia con la práctica de un deporte o actividad extracurricular, se encuentra con una figura masculina. Eso sin contar que no todos los hombres son buenos ejemplos para los niños.

El problema es que ya han pasado, quizá, quince o dieciocho años de sus vidas y algunos nunca han tenido cerca ese ejemplo varonil. La realidad es que la mayoría de los niños nunca han tenido ni siquiera un ejemplo para comparar, no han escuchado alguien que les diga: «Esto significa ser un hombre de verdad». Muchas niñas, por su parte, no han tenido una figura paterna que las proteja, afirme y les recuerde cuán valiosas son para Dios.

El profeta Malaquías nos advierte sobre las consecuencias del quebrantamiento en la relación de padres e hijos:

> Estoy por enviarles al profeta Elías antes que llegue el día del Señor, día grande y terrible. Él hará que los padres se reconcilien con sus hijos y los hijos con sus padres, y así no vendré a herir la tierra con destrucción total.
>
> Malaquías 4:5-6

A continuación, deseo compartir algunas estadísticas que comprueban la vigencia de este versículo en la presente generación. Estamos viendo de primera mano el quebrantamiento en la relación de padres e hijos y como atestiguamos, la destrucción total. Estos números son provenientes de estudios del Centro de Control y Prevención de Enfermedades en los Estados Unidos (Center for Disease Control and Prevention CDC),[1] el Departamento de Justicia (USA Department of Justice),[2] el Departamento de Salud y Servicios Humanos (Department of Health and Human Services HHS)[3] y también hay algunos que forman parte de la oficina del censo de los Estados Unidos (United States Census Bureau).

Hay siete tendencias que nos muestran lo que está sucediendo en la vida de los jóvenes:[4]

- 63% de los suicidios juveniles provienen de jóvenes o jovencitas que crecieron en un hogar donde no había padre.

---

1. U.S. Census Bureau. (2022). Living arrangements of children under 18 years old: 1960 to present. Washington, D.C.: U.S. Census Bureau. Key Statistics from the National Survey of Family Growth F Listing www.cdc.gov.
2. The Effect of Father Absence and Father Alternatives on Female and Male Rates of Violence www.ojp.gov (Office of Justice Program Department of Justice).
3. https://www.hhs.gov/
4. https://thefatherlessgeneration.wordpress.com/statistics/

- 71% de los embarazos entre adolescentes proceden de un hogar donde no existía un padre.
- 85% de los jóvenes en prisión provienen de hogares sin padre.
- 90% de las personas que viven en la calle o huyen de sus hogares provienen de un hogar sin padre.
- 71% de los jóvenes que dejan de asistir a la escuela provienen de un hogar donde no existe un padre.
- 75% de los pacientes adolescentes en los centros que tratan con el abuso de sustancias, provienen de un hogar sin padre.
- 85% de todos los niños que muestran trastornos de conducta provienen de hogares con padre ausente.

¿Podemos ver el factor común de todo esto? Sí, hogares sin padres.

Quiero hacer una aclaración. Estos números no son de algún instituto bíblico, ministerio u organización religiosa; estos números provienen del gobierno. Algo más:

- De los niños que vienen de un hogar donde no hay un padre, el 47.6% viven en pobreza.

Según el Departamento del Censo de los Estados Unidos, hay 19.7 millones de niños que viven en esa nación sin un padre en la casa. No tengo estadísticas de otros países, pero estoy seguro de que estos números son mayores en los países latinoamericanos.

Cerca de un millón de niños cada año experimentará el divorcio de sus padres en los Estados Unidos. En el último informe, que es del año 2014, la Oficina de Salud de este país calculó que había alrededor de 41 mil niños bajo el cuidado del gobierno; esos niños, ¿en qué se convertirán?

Es lamentable que serán otra estadística más.

Al estudiar este tema, encontré[5] que hay unas 300 mil iglesias en Estados Unidos; entonces pensé: *Si una familia de cada una de estas iglesias tomara la decisión de adoptar un niño, terminaríamos con este gran problema*. Quiero aclarar que los niños no son el problema. ¡La condición de abandono es el problema! ¡El trauma que estos niños sufrirán es profundo!

Las hijas de los padres solteros o sin un padre en su crianza, son 53% más propensas a casarse siendo adolescentes, 711% más a tener hijos siendo adolescentes, 164% más a tener un parto prematrimonial y 92% más a divorciarse.

Un estudio realizado en el estado de la Florida en un grupo de 1.4 millones de bebés, mostró que la falta de participación del padre en la crianza impacta la mortalidad infantil. Un papá que no está presente en el proceso del embarazo causa de forma general, nacimientos prematuros y/o bebés que nacen con un peso inferior al adecuado. De igual manera, los bebés que no tienen papá durante el proceso del embarazo tienen cuatro veces mayor riesgo de morir en los primeros veintiocho días de vida. ¡Es una realidad! ¡Estamos viviendo en una generación huérfana!

Entonces, ¿cuál es el perfil que tiene esta generación? Pudiera escribir muchas cosas respecto a este tema, pero el Espíritu Santo me llevó a enfatizar en tres puntos. Solo cuando una persona es confrontada con este tipo de situaciones, tomará decisiones y generará acciones para cambiar las estadísticas anteriores.

---

5. https://thefatherlessgeneration.wordpress.com/statistics/

Debemos recordar que la Biblia dice que solo la Iglesia es baluarte y columna de la verdad, por eso nuestra fe debe ser coherente con nuestros hechos.

Estamos viviendo, con exactitud, lo advertido por la Biblia cuando a lo malo se le llama bueno y a lo bueno se le llama malo; estamos viendo una sociedad cada vez más alejada de Dios y la moral, donde nos pueden llamar raros y anormales por defender nuestra fe.

Muchos de nosotros como padres, de manera específica de los más pequeños, hemos tomado malas decisiones al entregarles un aparato electrónico sin parámetros ni límites. Es increíble todo lo que un niño puede encontrar en Internet. Estoy a favor de la tecnología, pero la debemos usar de manera moderada, sin que ella nos controle ni mucho menos nos perjudique; la realidad es que el Internet está plagado de contenido dañino para los niños.

El enemigo espiritual entiende algo muy importante:

> Instruye al niño en el camino correcto, y aun en su vejez no lo abandonará.
>
> Proverbios 22:6

Este versículo encierra un principio clave: «Quien tome primero la mente de un niño, la dirigirá hasta su vejez». Muchos de nosotros fuimos expuestos a imágenes que no debimos haber visto cuando éramos pequeños y de cosas que no debimos haber escuchado. Necesitábamos oír palabras edificantes y beneficiosas, y al contrario, escuchamos otras negativas; por esta razón, el espíritu de orfandad, abandono, rechazo y muchos otros han tenido su influencia en los hijos de Dios. Es muy triste saber que hay personas que, aunque conocen a Cristo y son salvas, continúan viviendo con la presencia y dominio de este tipo de circunstancias.

¿CUÁL ES EL PERFIL DE ESTA GENERACIÓN?

La primera característica que encuentro es que tiene una distorsión en su identidad.

Hay mentiras que Satanás está susurrando a los niños, y muchas veces no hay una voz de un padre o una madre que las desmienta.

Seamos claros, algo sucede cuando los papás les hablan a los hijos y otra cosa muy diferente cuando lo hacen las mamás. Dios puso en la voz de los hombres cierta autoridad que marca la diferencia y no es solo otro tono de voz; incluso, desde la misma fecundación, es el varón quien determina biológicamente la identidad sexual del bebé.

En los últimos años, se han levantado ideas aún más agresivas con el propósito de distorsionar la identidad; ahora no solo es suficiente el hecho de que los niños se vean como víctimas, rechazados y abandonados, sino que se pretende que duden de su sexo de nacimiento. Industrias enteras respaldan esta distorsión, al apoyar la agenda de la ideología de género y crear productos, contenidos y servicios que siembran en la mente de los niños ideas corruptas e inmorales que van contra el diseño de Dios. Las películas, que eran parte del entretenimiento familiar, se han transformado en medios de manipulación ideológica. La agenda de ideas erróneas es agresiva, rápida e inmoral, el plan es corromper a esta generación para que duden de aquel que los creó y de la forma en que los creó para que se pierdan su identidad y se alejen del propósito divino.

Si con el rechazo, el abandono, el abuso, la carencia de afecto, el control y la pobreza, se desarrolla una mentalidad de víctima, cuanto más si ahora los niños y jóvenes se sienten discriminados al estar engañados por este adoctrinamiento por causa de estas nuevas ideologías. Vemos que en lugar de tener una mentalidad de hijo, la persona se ve como desplazado o minoría, como oprimido o formando parte de un grupo social perseguido. La Biblia nos dice que esta es una persona que tiene una mentalidad de siervo o de esclavo.

Ante la gran confusión que todo esto trae, se levantan las voces de jóvenes adoctrinados en el posmodernismo que gritan: «¡No discriminen, no persigan, todos somos iguales!».

Si te sientes bien haciendo lo que haces, yo no te puedo decir que está mal, pero en verdad, ¿qué hay detrás de todo esto? ¡Orfandad y ausencia! Ausencia de palabras de amor, de presencia de los padres, de afecto, de buenas afirmaciones, ¡hay escasez!; todas y cada una de esas cosas causan heridas en el corazón del ser humano.

El libro de Lamentaciones nos muestra con claridad el clamor de un huérfano. Por favor, recuerda que un huérfano no es solo aquel que no ha tenido un padre.

> «Nuestra heredad ha caído en manos extrañas; nuestro hogar, en manos de extranjeros. No tenemos padre, hemos quedado huérfanos; viudas han quedado nuestras madres. El agua que bebemos, tenemos que pagarla; la leña, tenemos que comprarla. Los que nos persiguen

nos pisan los talones; estamos fatigados y no hallamos descanso».

Lamentaciones 5:2-5

Numerosos estudios permiten ver con claridad, que el camino más rápido para llegar a la pobreza económica y social en un país, es que un padre abandone de forma voluntaria a sus hijos.

Es necesario, también, pensar en las redes sociales que no son otra cosa que el combustible con el que muchos alimentan su baja autoestima; por medio de la comparación y el anhelo de ser como los demás, los jóvenes se desvirtúan a sí mismos. Muchos de ellos creen que el éxito es ser como ciertos personajes y ven esto real e ideal para sí mismos. Lo cierto es que no todo lo que vemos en las redes es verdadero.

Tengo relación con personas que tienen cientos de miles de seguidores y que muestran una vida ejemplar, pero no coherente, es decir, no es verdadera; son muchos los casos de quienes sueñan con ser como otros, pero lo que no saben es que están peor que ellos.

Hace poco leía la noticia de una persona que durante los fines de semana subía fotos a sus redes y se veía muy contenta; se mostraba tan alegre en sus paseos visitando diferentes lugares, sin embargo, un lunes se suicidó. Esta es la muestra de una sociedad vacía, una sociedad que no es real. Actores y otras celebridades, millonarios, políticos, artistas y deportistas que parecieran tener la vida que las multitudes anhelan, terminan suicidándose al no encontrar sentido, propósito y una razón para existir.

En mi vida he encontrado a muchas personas que están tratando de ostentar cosas que no tienen y mostrar algo que no son. ¿Por qué? Porque no poseen una identidad clara, tienen máscaras y en algunos casos hasta diversas personalidades.

Cierro esta parte mencionando que para mí, las estadísticas compartidas no son solo cifras, pues representan a personas que tienen nombre y apellido, son historias de dolor, de gente herida. Conozco a muchos que están allí representados.

Hay un segundo factor que encuentro en cuanto al perfil de esta generación, y es la inestabilidad emocional. Esta se origina por la ausencia de una paternidad sana: cuando un niño no escucha palabras de afirmación, carece de afecto y comprensión, carece del cuidado y la compañía de sus padres, y además, tampoco recibe formación con disciplina. Esta última también es esencial, pues en la vida de los niños no todo puede ser ideal, deben existir parámetros y límites que aprender a respetar. Aunque parezca difícil de creer, en algunos casos la inestabilidad emocional surge porque es el niño quien dirige el ambiente del hogar. Es fundamental mantener un buen balance en la crianza infantil.

Quiero contarte algo personal: En cierta ocasión estaba de viaje y visité la casa de un pastor en América Latina. Él me presentó a su esposa y a sus hijos. Me llevé una sorpresa al escuchar hablar a los pequeños, pues no tenían el acento de sus padres; después de un tiempo entendí lo que sucedía. Resulta que la empleada de servicio, quien estaba criando a los niños, les enseñó su acento. La voz de la mujer era tan predominante que los niños terminaron adoptando su forma de hablar, más que la de sus propios padres.

Con este ejemplo podemos considerar que al no tener la compañía y guía de los padres se pueden presentar situaciones como las anteriores. Esto lo he encontrado con regularidad en las personas que asisten a las iglesias cristianas. Muchos de ellos están en depresión y ansiedad, con rebeldía (esto es muy común), trastornos alimenticios o de conducta, entre muchos otros. Hay gran cantidad de gente que convive con la ira porque fue víctima. Aquellas personas van por la vida «cobrando facturas de sus heridas» a todos los que pasan a su lado y de manera especial, a sus seres queridos; cabe aclarar que muchas veces lo hacen sin intención. Otras personas desarrollan patrones de dependencia o codependencia emocional y algunos llegan a tener una distorsión en su identidad sexual.

Es muy importante entender que el amor de Dios está disponible para todos, sin embargo, esto no quiere decir que Él siempre apruebe nuestra conducta. En la Biblia, Jesús se refirió a esto cuando le trajeron a una mujer que fue hallada en adulterio:

> Enderezándose Jesús, y no viendo a nadie, sino a la mujer, le dijo: Mujer, ¿dónde están los que te acusaban? ¿Ninguno te condenó? Ella dijo: Ninguno, Señor. Entonces Jesús le dijo: Ni yo te condeno; vete, y no peques más.
>
> Juan 8:10-11 RVR1960

En aquella situación, Jesús confrontó la condición humana y les dijo a los hombres que habían traído a la mujer:

> Aquel de ustedes que esté libre de pecado, que tire la primera piedra.
>
> Juan 8:7b

El Señor le dijo a la mujer: Ni yo te condeno, es decir, te acepto en tu pecado, en tu desnudez, en tu adulterio, en tu drogadicción; te recibo en tu chisme, en tu robo, en tu masturbación, en tus adicciones, tal como estás, así te acepto. Sin embargo, a continuación le dijo algo más: Vete y no peques más, es decir, **no apruebo esas acciones, pero te acepto tal como estás**; si deseas, puedes recibir la vida que te ofrezco, pero vas a tener que cambiar. Notemos que el Señor nos acepta como somos, pero no quiere decir con ello que Él apruebe o esté de acuerdo con nuestras acciones.

El apóstol Pablo dice:

> Por lo tanto, no permitan ustedes que el pecado reine en su cuerpo mortal, ni obedezcan a sus malos deseos.
>
> Romanos 6:12

Sabemos que, aunque tenemos una naturaleza pecaminosa, no debe ser ella quien nos gobierne. Si una persona ha tenido un encuentro personal con Jesús, lo debe demostrar en todas sus acciones y en todas las áreas de su vida.

Uno de mis mentores dice: «Miami es uno de los lugares ideales, desde los cuales la gente puede ir al infierno». Esto es una realidad, debido a la decadencia moral que avanza sobre la ciudad. Lo triste es que no solo se trata de Miami: ¡el mundo entero está levantándose contra los principios bíblicos y la moral cristiana!

¡Esta situación social no va a mejorar a menos que la iglesia se levante! Solo si somos conscientes del poder de la Palabra de Dios y la vivimos, podremos hacer la diferencia. La labor de la Iglesia es imprescindible en la sociedad moderna.

La distorsión en la identidad sexual, la promiscuidad, las adicciones, las relaciones disfuncionales, la inestabilidad emocional, el deseo desesperado de aceptación y la sensación de injusticia permanente, son señales de una identidad marcada por la orfandad. Reflexiona si, tal vez, algo de esto pueda estar en ti.

Deseo analizar un punto que considero vital y que menciono frecuentemente en mis enseñanzas y libros: necesitamos seguir lo que el Señor nos señala por medio de su Palabra, porque solo la Biblia define lo que es verdaderamente normal en la vida de un hijo de Dios.

En ocasiones le pregunto a alguien sobre cierto comportamiento y me contesta: «Lo normal», por ejemplo, ¿eres de mal genio?, ¿consumes alcohol?, ¿debes mucho dinero?, ¿eres iracundo o violento? El problema es que, por ejemplo, al hablar del tema de la ira, no sé si «lo normal» para algunos sea patear puertas, romper paredes o dejar hoyos con sus puños. Este tipo de respuestas refleja claramente cuán distorsionada puede estar la percepción de lo que es aceptable.

Recientemente, mientras compartía un grato momento en un cumpleaños con algunos conocidos, uno de ellos relató experiencias que había vivido al viajar con mi familia. Entonces, varios quedaron sorprendidos por la historia de un milagro, o porque las personas recibieran a Jesús como Señor y Salvador. En un momento de la conversación alguien dijo: «Pero es que eso tiene que ser lo normal». A lo que respondí: «Esto es a lo que me refiero, en la vida de los hijos de Dios se debe notar **el vivir en la Palabra**; necesitamos entender que llevamos la esencia de nuestro Padre Celestial y que, podemos transformar la atmósfera espiritual al entrar en cualquier lugar».

¡Eso tiene que ser lo normal!

¿TERMÓMETRO O TERMOSTATO?

Es lamentable que el creyente promedio funcione más como un termómetro y no como un termostato, es decir, detectan la atmósfera de los lugares a los que llegan, pero no la transforman.

Como hijo de Dios, deberías entrar en los ambientes y fijar el clima de ese lugar; aquí hablo de la atmósfera espiritual que se genera por medio de las palabras y las acciones. Necesitas tener conciencia de tu identidad en Cristo. Al entrar en algún sitio debes tener la capacidad para ver si es correcto o no lo que está pasando allí. Debes ser tú quien establezca la atmósfera de ese lugar, pues como hijo de Dios tienes al Espíritu Santo dentro de ti.

Cuando estás con una o varias personas, ¿cómo son tus conversaciones? Cuando te involucras en un grupo social, ¿los chistes son los mismos?, ¿el chisme, la burla y la crítica es igual cuando estás presente?

En un tiempo de mi vida tuve un jefe que me pedía que hiciera cosas incorrectas como mentir a los proveedores. Con respeto le dije: «Discúlpeme, pero eso va en contra de mis principios», ¿y sabes qué pasó? No me despidió, al contrario, dejó de pedirme tales cosas. Después, en la cena de Navidad me llamaban para dar gracias, orar y bendecir los alimentos.

No crecí en una Iglesia, ni me alimentaron con la comunión, estuve en el mundo laboral y puedo asegurar que sí se puede hacer la diferencia y que hay gente que te respetará por tus principios, si los vives en realidad.

> Alabado sea el Dios y Padre de nuestro Señor Jesucristo, Padre misericordioso y Dios de toda consolación, quien

> nos consuela en todas nuestras tribulaciones para que, con el mismo consuelo que de Dios hemos recibido, también nosotros podamos consolar a todos los que sufren.
>
> 2 Corintios 1:3-4

Mi oración al Espíritu Santo es que este libro toque tu vida; que en algún momento puedas tener una revelación y decir: «Necesito ayuda». Sé que no es fácil ser vulnerable, exponerse a la Palabra de Dios y decir: «Creo que mis relaciones no son saludables, mis reacciones no son normales, tal vez, tengo problemas de ira o inmoralidad».

¿Y qué, si lo que pensaba que era normal no lo es? No es tarde. El Padre Celestial envió a su hijo Jesús y esa deuda está pagada. El Señor no vino solamente para librarnos del infierno. La vida eterna no empieza al morir, sino cuando tienes un encuentro genuino con Jesús. A partir de ese instante, comienzas a vivir como un verdadero hijo de Dios. ¡Y en abundancia!

> El ladrón no viene más que a robar, matar y destruir; yo he venido para que tengan vida, y la tengan en abundancia.
>
> Juan 10:10

¡Por eso es que en Jesús hay una esperanza muy grande!

Lo que observo en muchas personas marcadas por la orfandad es algo que encontré en mi propia vida. Si me preguntaras de quién estoy hablando, te diría que estoy hablando de mí mismo, de lo que viví y de las huellas que aún me quedan. Así que, si en algún momento escuchas decir a alguien, un coach, un pastor, un conferencista: «Estoy completamente sano», lo debes tomar como una clara señal de que no lo está, pues todos somos una obra en proceso de mejora y sanidad continua, no somos una obra terminada.

La tercera señal que identifico en quienes viven con orfandad emocional es la dificultad para establecer una relación saludable con el Padre Celestial. Al no existir un modelo correcto de padre, la imagen de Dios es distorsionada. ¿Por qué? Porque si la imagen del padre terrenal ha sido negativa, esto predispone a la persona a evitar relacionarse con alguien que podría volver a herir, abandonar, rechazar o maltratar. Por eso, estas personas se cierran a recibir plenamente el amor del Padre. Debes saber que Dios nunca nos abandona:

> Si ustedes me aman, obedecerán mis mandamientos. Y yo le pediré al Padre, y Él les dará otro Consolador para que los acompañe siempre: el Espíritu de verdad, a quien el mundo no puede aceptar porque no lo ve ni lo conoce. Pero ustedes sí lo conocen, porque vive con ustedes y estará en ustedes. No los voy a dejar huérfanos; volveré a ustedes.
>
> Juan 14:15-18

Es impresionante la cantidad de veces que, en el Antiguo Testamento, Dios dio instrucciones específicas y claras para cuidar de las viudas y de los huérfanos. Con frecuencia, el Señor decía: «No los abandonen, cuídenlos, protéjanlos, acompáñenlos, denle de sus cosechas y de sus territorios». Cuando se termina el Antiguo Testamento y empieza el Nuevo, los huérfanos prácticamente no vuelven a aparecer, tan solo en dos oportunidades; una de ellas es en el siguiente versículo donde Jesús anuncia que al recibir el Espíritu Santo, se rompe el espíritu de orfandad:

> Y ustedes no recibieron un espíritu que de nuevo los esclavice al miedo, sino el Espíritu que los adopta como hijos y les permite clamar: «¡Abba! ¡Padre!»
>
> Romanos 8:15

Ese es el Padre del que te estoy hablando hoy. Aquel que quiere acercarse a tu vida de una manera mucho más íntima. Con todo respeto, te vuelvo a decir, no importan los años que has estado en la iglesia, los títulos que poseas, ni la denominación o congregación a la que perteneces; hoy mismo puedes acercarte al Padre Celestial, porque Él te ama tal como eres.

No tienes que vivir en una relación fluctuante con Dios, no estás condenado a soportar la inestabilidad emocional ni la distorsión en tu identidad, pues el Señor te ofrece una vida nueva, libre de esas falencias. ¡Él es el amor más puro, quien lo llena todo en todo! En Dios puedes encontrar la plenitud y todo lo que necesitas.

Mi oración al Padre es que quienes tengan este libro en sus manos, puedan experimentar la plenitud de la vida de los hijos de Dios. ¿Es esto solo para ti? ¡No! Hay personas allá afuera hambrientas de un abrazo o una Palabra, ellos necesitan escuchar cosas favorables y solo los hijos de Dios tenemos esas buenas nuevas. Al recibir el Espíritu de adopción, podrás compartir con otros la hermosa Paternidad de nuestro Padre Celestial.

> Dios sometió todas las cosas al dominio de Cristo, y lo dio como cabeza de todo a la iglesia. Esta, que es su cuerpo, es la plenitud de aquel que lo llena todo por completo.
>
> Efesios 1:22-23

Capítulo 4

TEORÍA VERSUS PRÁCTICA

Me emociona compartir con otros las verdades que he descubierto; sin duda alguna, la más transformadora en mi vida ha sido la revelación de la Paternidad de Dios. ¿Por qué razón este tema es tan relevante? Porque después de predicar por muchos años, conocer a muchas personas y tener muchas conversaciones, he llegado a la conclusión de que, para la mayoría de quienes asisten a la iglesia cada fin de semana, la Paternidad de Dios sigue siendo un concepto, no una realidad vivida; es una noción más que una experiencia revelada. Necesitamos comprender de manera real la revelación de la Paternidad de Dios.

Recuerdo que una de mis clases preferidas en el colegio era física porque el profesor explicaba diversos conceptos teóricos, pero después de la clase teníamos un espacio para llevarlos a la práctica. Utilizábamos pesas, péndulos, líquidos y diferentes elementos para verificar la teoría que habíamos aprendido; de esa forma, observábamos cómo funcionaba todo.

De igual manera, deseo, en primer lugar, repasar la teoría y los conceptos sobre el diseño original de Dios para nosotros; y luego, avanzar hacia un espacio de descubrimiento práctico en nuestras vidas.

Estoy seguro de que este será uno de los momentos más relevantes para muchas personas; eso es lo que le he pedido al Señor que logre a través de estas páginas. Así que, comencemos repasando juntos algunos fundamentos esenciales.

SOMOS HIJOS DE DIOS

Lo que sucede en el instante en el que una persona recibe verdaderamente y con conciencia a Jesucristo como su Señor y Salvador, lo puedo describir como un cambio de estatus, es decir, pasa de ser criatura a convertirse en hijo. Recordemos esta verdad en la Biblia:

> Pero a quienes lo recibieron y creyeron en él, les concedió el privilegio de llegar a ser hijos de Dios.
>
> Juan 1:12 DHH

En otras versiones de la Biblia, cuando habla de privilegio, se refiere también a derecho o potestad.

Lo debo reiterar, no hay otro camino para llegar a ser hijos de Dios, el único camino es Jesús: Él es el camino, Él es la verdad y Él es la vida.

> Jesús le dijo: «Yo soy el camino, y la verdad, y la vida; nadie viene al Padre, sino por mí.
>
> Juan 14:6 RVC

De igual forma, el apóstol Pedro nos recuerda:

> Jesucristo es «la piedra que desecharon ustedes los constructores, y que ha llegado a ser la piedra angular». De hecho, en ningún otro hay salvación, porque no hay bajo el cielo otro nombre dado a los hombres mediante el cual podamos ser salvos.
>
> Hechos 4:11-12

El versículo anterior nos ayuda a ver, con más claridad, que aquellos conceptos acerca de que «todos los caminos conducen a Dios» o «todos los seres humanos son hijos de Dios», no son ciertos, pues no los menciona la Biblia.

Para terminar esta parte, el apóstol Juan declara:

> Todo el que niega al Hijo no tiene al Padre; el que reconoce al Hijo tiene también al Padre.
>
> 1 Juan 2:23

La conclusión es sencilla; si no es por medio de Jesús, no hay adopción; si no es a través de Él, no se puede obtener la identidad como hijo; simplemente, eres una criatura de Dios. El único camino del que nos habla la Biblia, la única forma en la que pasamos a ser hijos, es a través de un encuentro personal con Jesucristo. Al reconocer nuestros pecados y orar: «Necesito ser perdonado, necesito un Salvador» y aceptar a Jesús, en ese instante somos convertidos en hijos de Dios por adopción inmediata.

Todo el que niega al Hijo no tiene al Padre, es decir, no es hijo. El que reconoce al Hijo, entonces también tiene al Padre. ¡Es sencillo!

LA ADOPCIÓN

Este concepto es trascendental, por lo cual, quiero tomar unas líneas para explicarlo. Hay algo que llama mi atención en la lectura de la Biblia: en el Antiguo Testamento Dios encomienda con frecuencia el cuidado, la protección y la ayuda a los huérfanos y las viudas. Podemos ver en la Biblia que, de forma especial, el Señor manda a su pueblo: «Cuiden de los huérfanos».

La razón por la que llama mi atención este tema, es que su mención prácticamente desaparece en el Nuevo Testamento, pues solo aparece allí dos veces. ¿Qué pasó? Lo veremos más adelante, por ahora conozcamos un poco más sobre el tema de la adopción.

Algunas definiciones:

La Organización de Estados Americanos (OEA) define la adopción de la siguiente manera: «La adopción es aquel acto por el cual el adoptado, para todo efecto, pasa a formar parte de la familia de los adoptantes como hijo de estos y se desvincula de forma total de su familia biológica, respecto de la cual ya no le corresponderán derechos ni deberes».

Otra definición es la de la ley colombiana, que dice que en el instante en el que hay un decreto de adopción por parte de un juez, todo vínculo de sangre entre los padres biológicos y el niño es cortado; y dichos vínculos ahora se transfieren al nuevo padre y madre adoptante.

Por su parte, el Estado de la Florida cita lo siguiente: «La adopción es un asunto serio para todos los que participan en ella. Determina el futuro del niño o de la niña, porque corta de manera definitiva los lazos con sus padres y parientes biológicos y transfiere al niño a una nueva familia donde permanecerá para siempre».

Hago énfasis en la adopción, ¿por qué razón? Porque al ver lo que sucede a nivel terrenal, pienso en lo que ocurrió conmigo a nivel espiritual al recibir a Jesús como mi Señor y Salvador. Este hecho me permite tener la seguridad de mi salvación, al entender que una vez fui adoptado, me convertí en hijo y permaneceré siéndolo para siempre. ¡Esto es maravilloso! De la misma forma como se corta todo vínculo de sangre con los padres terrenales en el acto de adopción y se pasa a los nuevos padres, ahora puedo tener la certeza de que soy hijo de Dios por la eternidad.

Cuando una persona no tiene seguridad de su salvación, no tiene seguridad tampoco respecto a su destino eterno; por esta razón, puede pensar que hoy es salvo, pero mañana no, depende de su conducta. Cuando se presenta esta inseguridad, creo que es una señal de que el Espíritu de adopción no gobierna su mente.

Desde el inicio de mi carrera profesional tuve que viajar a menudo en avión; con el paso del tiempo he acumulado cientos de miles de millas volando, por lo que no tengo idea cuántos vuelos he tomado. Lo menciono porque en esa época, cada vez que entraba en un avión, pensaba: *¿Cómo estaré con Dios? ¿Qué pasa si este aparato se cae? ¿A dónde iré?* Les cuento esta anécdota porque me tomó veintinueve años, aun estando y creciendo en la iglesia, llegar a entender por completo lo que Jesús había hecho por mí en la cruz y abrazar la verdad de que soy hijo de Dios por la eternidad.

Recordaba una mañana, alguna de las entrevistas a la mamá de Pablo Escobar; para ella, su hijo era lo mejor, ¿por qué?, porque era su hijo. Para muchas personas fue el mayor narcotraficante, el más grande asesino, una persona muy violenta, quizá desquiciada y malvada, pero para su madre él era su hijo. ¿Cuál es el punto? Debes recordar que, una vez que te conviertes en hijo de Dios, seguirás siéndolo, incluso cuando cometas errores, pues eso no te descalifica para dejar de ser amado del Padre.

Esta declaración es difícil y a muchos pastores no les gusta hacerla, pienso que ellos creen que es «dar un permiso especial» a las personas para comportarse de cualquier manera, es como decirles «no importa que peques y vivas de la forma en que quieras, aún sigues siendo hijo de Dios». La realidad es que esto lo dice la Biblia, es la verdad. Sin embargo, si alguien se ha arrepentido genuinamente, como dicen las Escrituras, debe dar frutos dignos de ese arrepentimiento.

El punto fundamental es que la responsabilidad es individual, cada uno debe dar cuentas de sus actos. Cada hijo de Dios debe entender que no hay manera de que el Padre no conozca lo que está haciendo. Aunque todo parezca oculto o apagado, el Señor ve cada cosa. Nuestra respuesta ante el entendimiento de la omnisciencia del Altísimo (todo lo sabe) no debe ser el temor, es decir, es ilógico que nuestra motivación para no pecar sea que «Dios me está viendo». Un hijo del Padre Celestial no vive en pecado por la obra que el Espíritu Santo ha hecho en su vida, porque entiende que no es correcto y ha tomado la decisión de honrar y respetar a Dios con sus actos.

Regresemos a lo que la ley nos enseña sobre las adopciones. Recordemos que en el instante en que se firma un decreto de adopción, se corta el vínculo con los padres anteriores y se pasa ese vínculo a la nueva familia para siempre. ¡La nueva familia!

Escúchame, por favor, esto nos enseña de una manera clara la responsabilidad que Dios tiene con nosotros, porque la ley dice que la nueva familia es responsable de proveer al niño el cuidado y el asesoramiento necesario en la vida, que determinarán el tipo de adulto en el que se convertirá.

Para los padres adoptivos, la adopción significa proveer y hacerse cargo del cuidado del niño, hacia quien tendrán las mismas obligaciones que tendrían con un hijo biológico. En nuestro caso, como hijos de Dios, tenemos la Biblia como consejo y asesoramiento para convertirnos en lo que Él dice. Contamos con el cuidado y la compañía incondicional del Padre Celestial, quien es el mejor Padre.

La última parte de la ley dice lo siguiente: Cuando se han cumplido los requisitos previstos en las leyes y por el tribunal, el juez firma una sentencia definitiva de adopción. La sentencia definitiva de adopción otorga los derechos de paternidad a la familia adoptiva sobre el niño que ha sido adoptado.

Un juez firma una sentencia; en el instante en que el juez da un golpe con su martillo se genera un acto legal que no vemos, pero ¡justo en ese momento se rompe el vínculo con la familia biológica y es otorgado a la nueva familia!

Si recibiste de manera real y sincera a Jesús como tu Señor y Salvador, en el cielo se firmó un decreto que dice: «A partir de hoy eres mi hijo, eres mi hija. Ahora eres mi responsabilidad. Te doy un nombre y una herencia, te doy todos los beneficios que tienen los hijos de Dios».

Hablando de la adopción, aunque es real y conocemos la teoría ¿qué pasa en la práctica? Te doy un ejemplo; al padre del niño que es adoptado se le entrega un documento que dice que ese niño ya no será «Martínez» (su apellido anterior), sino «Cáceres» (el nuevo apellido). Quizá, sus padres y el niño van a un bello restaurante para celebrar ese hermoso momento y después lo llevan a su nueva casa donde le dicen «¡Bienvenido!, ahora eres parte de esta familia; puedes entrar a tu habitación, te compramos una cama para que descanses, ropa y juguetes; este será tu hogar de hoy en adelante».

Quisiera preguntarte algo, ¿ese niño se sentirá como un hijo de inmediato? Quizá, tu respuesta es no, ¿por qué? Porque en su mente aún permanecen todos los recuerdos y experiencias anteriores, el rechazo, el abandono, el abuso que lo llevó a la orfandad; por decirlo de una manera práctica, su mente sigue gobernada por pensamientos de huérfano y por las «verdades» que lo han mantenido esclavo hasta ese día.

Podemos afirmar que en estos procesos de adopción, definitivamente una cosa es la teoría y otra muy diferente es la práctica.

SOY HIJO, PERO NO ME SIENTO ASÍ

Muchos creyentes «saben», al menos teóricamente, que son hijos de Dios, porque al recibir a Jesús fueron adoptados legalmente. Espiritualmente ya ocurrió y es una realidad, pero ahora se encuentran pensando: *Ok, ya entendí lo que dice la Biblia, lo que el pastor predicó o lo que acabo de leer en este libro, pero ¿qué hago si todavía no me siento como un hijo de Dios?, ¿Qué hago si aún no disfruto de los beneficios de la adopción?*

Mi experiencia personal y lo que he podido atestiguar con cientos de creyentes es que de la misma manera en que un niño adoptado no se siente con los privilegios, derechos y facultades de un hijo de sangre, una persona adoptada por Dios entra en un proceso de adaptación a su nueva naturaleza de hijo. La adopción es instantánea, es un acto legal y espiritual, ese momento debe estar acompañado de un proceso posterior.

La característica fundamental que debe marcar ese proceso es lo que yo llamo «intercambio» y trataré de explicarlo de la mejor manera posible. Es una especie de trueque en el que tiene que haber un despojo o desalojo, un «botar algo», por llamarlo de alguna manera. Con esto me refiero a muchas cosas del pasado como mentiras, engaños o ideas erróneas que se convirtieron en fortalezas, es decir, un sistema de creencias que gobernó esa vida en el pasado.

Una persona adoptada por Dios vivirá un proceso de asimilación de su nueva identidad como hijo, y ese proceso no es fácil ni rápido. ¿Cuál es el problema con eso? Que los seres humanos queremos todo fácil e inmediato. La tecnología nos ha hecho creer que las cosas son de esta forma, pero este proceso no es así, porque renovar nuestra mente no sucede de inmediato.

La Biblia dice:

> «El Espíritu mismo le asegura a nuestro espíritu que somos hijos de Dios. Y, si somos hijos, somos herederos; herederos de Dios y coherederos con Cristo, pues, si ahora sufrimos con Él, también tendremos parte con Él en su gloria».
>
> Romanos 8:16-17

Vuelve a leer este versículo y reflexiona en el privilegio que tenemos de llamarnos y ser verdaderos hijos de Dios.

Es importante entender que alguien que pasa a ser hijo de Dios no tiene que batallar con el espíritu, pues en el instante en el que se sella la adopción de una persona, su espíritu es vivificado; pasa de muerte eterna a vida eterna, el espíritu que estaba muerto ahora vive. Eso es lo que la Biblia llama «Nuevo Nacimiento» y es un evento inmediato; entonces, desde ese momento, el Espíritu Santo da testimonio al espíritu de la persona que es hijo de Dios.

¿Pero cuál es el problema entonces? ¡La mente! ¡El alma!

¿Qué hay en el alma? Los recuerdos, la voluntad, las emociones, todo lo que la persona ha vivido, aprendido y asimilado en su historia. La Biblia lo llama fortalezas, otras personas lo denominan sistema de creencias. Son ideas que se construyen durante años y se arraigan profundamente en la mente. Para ponerlo en términos más sencillos, es todo lo que una persona entiende que es normal en su vida (aunque bíblicamente no lo sea).

Dijimos que el espíritu es vivificado en el momento del nuevo nacimiento; sabemos que el «juez» ya firmó la sentencia y fuimos adoptados como hijos; sin embargo, hay cosas que debemos enfrentar que han sido almacenadas por años en nuestra mente. Lo que es normal para un hijo, puede parecer inalcanzable para alguien que ha vivido como huérfano. Por ejemplo, para muchos de nosotros era, quizá lógico, tener nuestra propia habitación; pero hay familias que utilizan una sola habitación para cuatro o cinco personas. En ese contexto, tener un cuarto propio sería impensable.

Con frecuencia tengo que insistirle a mi hija sobre algunas cosas, por ejemplo, un día venía con mi familia de un viaje y nos detuvimos en una estación de servicio. Entonces, mi esposa y mi hija se bajaron y minutos después regresaron al auto, pero mi hija estaba llorando de manera dramática. ¿Qué había pasado?, ¿se cayó? No, todo el drama era porque su mamá no le había comprado un peluche.

¿Tenemos el dinero para comprar el peluche? Sí. ¿Necesita otro? No, no lo necesita y mucho menos cuando, por el amor de muchas personas, tiene su habitación repleta de ellos. El tema es que para mi hija es normal tener en abundancia, si en determinado momento desea algo, mamá, papá o los abuelos lo compran para ella (con límites y administración correcta), pero la realidad para miles y millones de personas no es así. ¿Cuál es? No hay peluches o juguetes para sus hijos, ya que, ni siquiera hay comida suficiente en sus hogares.

Cuando hablamos de ser hijos de Dios, podemos relacionarlo con lo anterior, porque para un hijo verdadero del Creador debe ser normal vivir en abundancia, y no me refiero solo a los bienes materiales que son una añadidura, sino más importante aún, a las bendiciones que son intangibles, es decir, que no se pueden ver. La paz profunda, el amor infinito de Dios, la llenura del Espíritu Santo, la fortaleza de estar en Cristo, la compasión por las almas, la fe en la Palabra, todo esto es vivir en victoria en el Señor.

Es necesario que comprendamos algunas cosas respecto a la Paternidad de Dios y a los beneficios que tenemos como hijos suyos.

Una persona adoptada, por ejemplo, tiene que acostumbrarse a cosas que, para los hijos biológicos, son normales. Pero debemos recordar que todo es un proceso. De igual forma, debo insistir en que es posible que tú tengas hábitos, ideas, conclusiones sobre tu vida y el entorno, comportamientos y reacciones que te parecen normales, pero que, a la luz de la Palabra de Dios, no son las que debería tener un hijo que quiere representar dignamente al Padre Celestial.

En el proceso de crecimiento espiritual, una persona puede identificar de manera más rápida su pecado personal en comparación con el pecado familiar; permítame explicarlo:

PECADO PERSONAL VERSUS PECADO FAMILIAR

Al iniciar un proceso de discipulado, asistir a las reuniones de la iglesia, leer la Biblia, orar y realizar actividades de crecimiento espiritual, un nuevo convertido puede reconocer lo que está mal delante de Dios. Ejemplo de esto: dejar de robar, abandonar la vulgaridad, reconocer que la ira no le agrada a Dios e identificar muchas otras prácticas pecaminosas que el Espíritu Santo le irá revelando y que han estado presentes en su vida anterior. En ese momento el individuo empieza un proceso y debe elegir si va a glorificar al Señor con sus acciones o continuará con su vieja manera de vivir. Con la ayuda del Espíritu Santo ese proceso que la Biblia denomina santificación seguirá hasta que Jesús regrese o el creyente muera.

Por otra parte, he sido testigo en mi propia vida y en la de muchas personas, de que hay otro tipo de pecado que es más difícil de erradicar, lo llamo pecado familiar.

¿A qué me refiero? A aquellas prácticas que, por costumbre familiar, han sido aceptadas, permitidas, incluso promovidas o celebradas. Con el tiempo, se normalizaron y se integraron como parte de la identidad familiar y del comportamiento de sus miembros. Déjame compartirte un ejemplo:

Tiempo atrás, después de predicar un día sobre este tema, me reuní con un joven de nuestra congregación que me dijo:

«Fui a visitar a una tía y me di cuenta de un pecado familiar que no había identificado antes. Al llegar a la casa de mi tía, su primera pregunta fue: "¿qué quiere beber?, tengo de todo".

Le respondí que no quería nada, entonces ella me dijo: "¿No quiere un güisqui?

"No gracias", contesté.

"¿Y un vino?".

"Tampoco, gracias", le dije.

En ese momento, ella continuó: "¿Y una cerveza?".

Una vez más, mi respuesta fue: "No tía, muchas gracias, no quiero tomar nada".

Finalmente, ella me dijo: "Usted definitivamente no parece de esta familia".

Ella estaba casi molesta porque no quería consumir alcohol en mi visita».

Este muchacho empezó a ver cómo las reuniones familiares frecuentemente terminaban en embriaguez. Esta había sido una maldición que acompañó a su familia por décadas y que había causado grandes estragos. El tema fundamental es que esto era una práctica totalmente normal para su familia y los niños veían como algo natural el hecho de consumir alcohol.

¿Cuál puede ser tu caso? No lo sé, pero he encontrado personas que tienen familias que celebraban cuando un niño robaba algo en el supermercado, incluso cuando decía vulgaridades; he conocido familias para las que era normal que los hombres tuvieran más de una mujer y otras donde las mujeres eran promiscuas. He hablado con personas que me han dicho: «para mí era normal ver a mi mamá amanecer en casa con diferentes hombres».

¿Cuál puede ser el pecado o los pecados familiares con los que creciste? No lo sé. ¿Acaso fue la ira? ¿La violencia? ¿El engaño, la avaricia, el adulterio, la rebeldía, la inmoralidad, la mentira o el racismo? Solo el Espíritu Santo puede llevarte a un proceso para que los puedas identificar y renunciar a ellos; solo Él te puede conducir a un arrepentimiento verdadero. Pídele perdón a Dios y también perdona a tu familia por enseñarte a vivir de una manera que no honra a tu Salvador.

LA SOLUCIÓN A ESTE PROBLEMA

Tal vez, te estés preguntando: «¿Cómo voy a borrar treinta, cuarenta o setenta años de mi vida?». Podrías pensar: *Todo eso está almacenado, es la manera como reacciono, es la forma en que defino lo que es justo o injusto, correcto e incorrecto; así me enseñaron y me formaron.*

Desde todas esas experiencias se estableció tu sistema de creencias, mecanismos de defensa, valores y principios. Todo está fijado allí en tu mente y llega un instante en el que Dios viene a mostrarte tu verdadera realidad. Entonces, te encuentras con un choque tan fuerte, en el que puedes pensar que has vivido engañado toda tu vida... y en cierta forma, es cierto.

Recuerda que la adopción fue un evento instantáneo, pero la solución a toda tu condición, tu sanidad total es un proceso.

Una vez el creyente ha recibido el Espíritu de adopción, debe continuar con un proceso y lo vemos con claridad en el libro de

Gálatas. Estos versículos tienen la capacidad, como toda la Biblia, de romper paradigmas y quebrantar fortalezas:

> «Ustedes ya son hijos. Dios ha enviado a nuestros corazones el Espíritu de su Hijo, que clama: ¡Abba! ¡Padre! Así que ya no eres esclavo, sino hijo; y como eres hijo, Dios te ha hecho también heredero».
>
> Gálatas 4:6-7

Veamos con más detalle este pasaje:

Empieza diciendo: Ustedes ya son hijos, ¿qué significa esta declaración? Significa que ya hemos recibido a Jesucristo como Señor y Salvador, hemos recibido el Espíritu de adopción; Dios ha emitido una sentencia legal, un decreto que nos ha convertido en hijos.

A continuación dice: «debido a que ya son hijos, Dios ha enviado a nuestros corazones (mente) el Espíritu de su hijo que clama ¡Abba! ¡Padre!», es decir, que clama ¡Papito!

Debes entender que es en tu mente que el espíritu clama ¡Abba! ¡Padre! Reitero que el problema no es el espíritu, pues tú ya tienes un espíritu vivificado; el problema ahora es tu mente (recuerdos, voluntad, emociones).

Termina diciéndonos: «así que ya no eres esclavo, sino hijo; y como eres hijo, Dios te ha hecho también heredero».

La nueva identidad como hijo espiritual es clara; eres un hijo de Dios, y esa verdad debe tomar el control también de tu identidad emocional. Una de las clases que dictamos en el discipulado se llama «el bipolar», porque la realidad es que la mayoría de los creyentes tienen una doble identidad. Saben en teoría que son hijos, pero están como yo estuve, con la identidad emocional distorsionada: con mentalidad de siervo.

Es fundamental lo que esto quiere decir, pues espiritualmente, Dios ha hecho una obra poderosa en ti, pero ahora debes gobernar tus emociones, voluntad, sentimientos, recuerdos y pensamientos. Cuánto quisiera que alguien hubiese orado por mí o impuesto sus manos y todo hubiese cambiado, pero la verdad no fue así. Creo que esta es la razón por la que el apóstol Pablo nos dice:

> No se amolden al mundo actual, sino sean transformados mediante la renovación de su mente. Así podrán comprobar cuál es la voluntad de Dios, buena, agradable y perfecta.
>
> Romanos 12:2

Mientras no empecemos el proceso de renovación de nuestra mente, no podremos comprobar la buena voluntad de Dios, es decir, nuestra verdadera identidad como hijos.

¿Cuál es la realidad? Nuestra mente y corazón están repletos de conceptos incorrectos. En algunos casos se guardan dolores, traumas, rechazo, abandono, recuerdos dolorosos y creencias que parecían correctas pero no lo son según la Biblia. Vuelvo a hacer énfasis en este concepto, pues debes dejar muchas cosas que tú pensaste que eran normales pero que no están alineadas con las Escrituras.

Todo aquello que hasta hoy parecía aceptable para ti, pero que a la luz de la Biblia es mala o inapropiado, debes sacarlo porque está en total oposición a la nueva realidad que el Padre desea implantar en tu mente. Todo lo que no es correcto conforme a la Palabra de Dios causó daños en tu vida y necesitas abandonarlo.

Te voy a dar un ejemplo: por muchos años fui el director de compras de una organización internacional y me encargaba de la adquisición de los equipos electrónicos. Una vez al año, el primer fin de semana de enero, tenía que asistir al C.E.S. (Consumer Electronics Show) en la ciudad de Las Vegas, en Estados Unidos. Allí se hacían los lanzamientos de todos los productos electrónicos y las compañías más grandes siempre asistían. Era una feria a la que acudían unas 120 mil personas en esa época; imagino que hoy en día es mucho más grande.

Todos los lanzamientos se hacían desde aquel evento, es decir, las últimas tendencias en tecnología se mostraban allí. Tuve la oportunidad de presenciar el momento en el que se lanzó al mercado el DVD y eso fue algo que causó gran sorpresa. Sé que algunos no saben qué es, pero en ese tiempo todos estábamos impresionados con ese producto. Ni se diga cuando se lanzaron los teléfonos inteligentes y los televisores planos.

El punto al que quiero llegar es que un día, a eso de las tres de la mañana, me desperté en Colombia y fui al aeropuerto con el fin de volar tres horas y media a Miami, hacer una escala y subir a otro avión por cinco horas y media para llegar a Las Vegas. Luego, debía dirigirme al hotel (uno de los hoteles grandes de esa ciudad tiene 4.500 habitaciones). ¿Imaginas el tamaño de aquellos hoteles? Todo en aquella ciudad es enorme. Cuando llegué al lobby, había unas sesenta o setenta personas registrando a los huéspedes. Al registrarme, me entregaron la llave de la habitación y me dieron un mapa.

Los hoteles son tan grandes en la ciudad que los huéspedes deben tener un mapa para lograr encontrar su habitación. Son verdaderos complejos, edificios inmensos que parecen ciudades por dentro.

Después de atravesar el enorme casino, llegué a los elevadores. Al salir de ellos, en el piso que correspondía a mi habitación, vi que los pasillos no se acababan. ¿Por qué? Porque había unas doscientas habitaciones por piso. Fui entonces con mis maletas a buscar mi habitación. Estaba muy cansado después de más de diez horas de viaje. Llegué, al fin, a la puerta de la habitación; la abrí y me encontré con que ya había un huésped dentro. Gracias a Dios la persona no se encontraba, pero estaban sus cosas.

No te imaginas lo que me pasó por la cabeza, quería decirle de todo a la mujer de la recepción. Estaba exhausto y ahora tenía que hacer el recorrido de vuelta al lobby, atravesar de nuevo el casino, los elevadores y esperar para descansar en otra habitación.

¿Qué tiene que ver todo esto con el tema que estamos tratando? Mucho, pues la Biblia dice: «Ustedes ya son hijos». Dios ha enviado al Espíritu de su hijo a sus corazones. El tema es que cuando el Espíritu de adopción, que es el Espíritu de Dios, quiere venir al corazón de una persona, se encuentra con que allí hay un huésped acomodado que llegó antes. En esencia, se encuentra con la misma situación que yo viví.

El Espíritu viene a habitar en la mente, pero se encuentra con alguien que ha estado viviendo allí por años y que se ha alimentado de traumas, dolores, traiciones, entre otras cosas. Este es un huésped que no quiere salir porque llegó primero, y eso es lo que expresa: «Yo llegué primero, desde que eras pequeñito estoy aquí».

Satanás, que conoce la Biblia, lo sabe muy bien:

> Instruye al niño en el camino correcto, y aun en su vejez no lo abandonará.
>
> Proverbios 22:6

Esa también es la estrategia del enemigo con nuestros hijos; ese famoso dicho de que «el que pega primero, pega dos veces». Satanás dice algo como: «Si me apodero de la mente de este niño, desde pequeño, lo voy a gobernar». Esa es la situación que nosotros encontramos en muchas personas dentro de la iglesia.

La conclusión de todo esto es que una persona que conoce a Jesús como Señor y Salvador puede empezar a notar dualidades y descubrir verdades que son completamente opuestas a las que le han gobernado.

Dios dice: «Eres amado, perdonado, y adoptado», pero en tu cabeza, ¿qué verdad hay? Tal vez el recuerdo de un padre que te dijo: «Estudie para demostrarme que me ama» o «aquí usted no tiene que hacer nada, solo estudie y traiga buenas notas». Quizá, él te decía que tenías que sobresalir en el colegio, que tenías que hacer cosas para demostrar tu amor por él.

Esto es muy diferente a lo que el Padre Celestial te dice: «Tal como eres, eres amado», como se lo dijo a Jesús: «Tú eres mi hijo amado y me complazco en ti». Jesús no había sanado ni liberado a nadie todavía, no había iniciado su ministerio y el Padre ya le dijo: «Estoy agradado por quien tú eres». Él no se refirió a lo que Jesús hacía, sino a quién era.

La Biblia te confirma que Dios Padre te dice esto también a ti, pero ¿qué es lo que hay en tu cabeza? Tal vez, te marcó alguna idea de tu papá terrenal como la siguiente: «Estudie y gradúese para llegar a ser alguien».

Es probable que estas sean algunas de las «pequeñas cosas» que han estado depositadas por tantos años en tu mente. Es ahí donde se presenta una batalla muy grande, pues Dios te dice «te amo», pero la idea de que «debes hacer algo para ser amado», puede haber gobernado tu vida y tú piensas que eso es verdad.

Por lo anterior, te sugiero con vehemencia e insistencia que no leas la Biblia solo como un libro de referencia, sino que la Palabra de Dios sea tu alimento diario; **ese lugar donde puedas encontrar la verdad del Padre**, que debe convertirse en tu nueva realidad.

Creo que por esta razón el autor del salmo dijo:

> En mi corazón he atesorado tu palabra para no pecar contra ti.
>
> Salmos 119:11, LBLA

¿Qué significa este versículo? Que una vez que has memorizado y guardado en ti la Palabra de Dios, no pecas contra Él. ¿Cuándo sucede esto? En el instante en el que te puedes sentir agobiado por las circunstancias, abandonado, dolido, rechazado y en lugar de decirte cosas negativas, tomas lo que dice la Palabra y declaras creyendo: «Soy una creación hermosa y extraordinaria».

> ¡Te alabo porque soy una creación admirable!
> ¡Tus obras son maravillosas, y esto lo sé muy bien!
>
> Salmos 139:14

Dejas de creer que eres un perdedor cuando abrazas lo que Dios te dice: ¡Eres un vencedor! No estás solo ni abandonado. La Biblia nos enseña:

> Aunque mi padre y mi madre me abandonen, el Señor me recibirá en sus brazos.
>
> Salmos 27:10

Si no conoces la preciosa Palabra de Dios, tu mente se convierte en una pista abierta donde cualquier pensamiento equivocado puede aterrizar y quedarse.

Un día escuché una frase que me impactó: «No podemos evitar que las aves revoloteen sobre nuestra cabeza, pero sí podemos evitar que hagan un nido». (Martin Lutero)

Los pensamientos negativos, recuerdos dolorosos y traumas van a seguir viniendo, pero si caminas en la Palabra de Dios, saldrás victorioso. No abraces pensamientos dañinos ni permitas que se conviertan en tu verdad.

Quizá, voy a ser atrevido al decir esto, pero quiero declarar hoy un día de independencia en tu mente. Que comience una batalla por tu libertad interior, ese momento en el cual, más que nunca, puedas decir: «Necesito conocer lo que el Padre dice de mí, necesito abrazar la verdad de Dios, necesito conocer su corazón».

Que este sea el día en el que pases de la teoría a la práctica por medio de la **renovación de tu mente**.

Te invito a que repitas esta oración:

Padre Celestial, en este día he entendido que una mente de siervo me ha gobernado. Te pido perdón por haber pecado contra ti, al no conocer tu verdad y haber aceptado mentiras como si fueran mi realidad. En este día me comprometo a buscar tu corazón en la Biblia y hacer de ella mi verdad a partir de ahora. Gracias por tu amor y por el sacrificio de Jesús que me reconcilió contigo haciéndome tu hijo. Hago esta oración en el poderoso Nombre de Jesús. Amén.

Capítulo 5

ORFANDAD VERSUS ADOPCIÓN

El tema de la orfandad es mucho más común de lo que pensamos. Desde el momento en que una vida es concebida, el enemigo intenta establecer su plan de destrucción, contrario al propósito de amor y abundancia del Padre. La Biblia dice:

> El ladrón no viene más que a robar, matar y destruir; yo he venido para que tengan vida, y la tengan en abundancia.
>
> Juan 10:10

El enemigo no quiere que conozcamos a Dios como nuestro verdadero Padre Celestial.

Muchas personas crecieron en hogares sin gracia, amor ni perdón; todo lo que se les enseñaba era que debían portarse bien y hacer todo correctamente para que pudieran ser amados y recibieran recompensas, para que ganaran premios y alcanzaran bienestar.

Las palabras que compartiré a continuación están empapadas de la gracia del Padre Celestial; el libro entero se fundamenta en ella. Sé que ha existido una gran distorsión en la enseñanza de este tema y algunas personas han denominado esta tendencia, la predicación de salvos siempre salvos. Ellos la llaman de esta forma, basados en el hecho de que existen personas que declaran, que sin importar lo que hagas y cómo sea tu vida, después de recibir a Jesús como Señor y Salvador, tu salvación está segura.

En mi opinión, creo que la anterior declaración es cierta en su totalidad, pues una vez que eres salvo (adoptado) nunca vas a perder tu salvación, que es tu identidad de hijo. Lo que pongo en duda es, si en verdad las personas que dicen haber recibido a Jesús como su Señor, realmente viven como si lo fueran.

Un encuentro verdadero con Él no te puede dejar igual (debo aclarar que solo Jesús y la persona pueden determinar lo real de dicho encuentro). Si has tenido un encuentro con el Señor y no se ha empezado a generar un cambio genuino, esto sería como dar un salto de un paracaídas que no abre y no tener un solo rasguño. La Biblia nos recuerda en diversas ocasiones que el arrepentimiento debe estar acompañado de cambios visibles.

Veamos algunos versículos en las Escrituras:

> Produzcan frutos que demuestren arrepentimiento.
>
> Mateo 3:8

> Al contrario, comenzando con los que estaban en Damasco, siguiendo con los que estaban en Jerusalén y en toda Judea, y luego con los gentiles, a todos les prediqué que se arrepintieran y se convirtieran a Dios, y que demostraran su arrepentimiento con sus buenas obras.
>
> Hechos 26:20

> Porque ustedes antes eran oscuridad, pero ahora son luz en el Señor. Vivan como hijos de luz.
>
> Efesios 5:8

> Con respecto a la vida que antes llevaban, se les enseñó que debían quitarse el ropaje de la vieja naturaleza, la cual está corrompida por los deseos engañosos; ser renovados en la actitud de su mente; y ponerse el ropaje de la nueva naturaleza, creada a imagen de Dios, en verdadera justicia y santidad.
>
> Por lo tanto, dejando la mentira, hable cada uno a su prójimo con la verdad, porque todos somos miembros de un mismo cuerpo. «Si se enojan, no pequen». No permitan que el enojo les dure hasta la puesta del sol, ni den cabida al diablo. El que robaba, que no robe más, sino que trabaje honradamente con las manos para tener qué compartir con los necesitados.
>
> Eviten toda conversación obscena. Por el contrario, que sus palabras contribuyan a la necesaria edificación y sean de bendición para quienes escuchan. No agravien al Espíritu Santo de Dios, con el cual fueron sellados para el día de la redención.
>
> Abandonen toda amargura, ira y enojo, gritos y calumnias, y toda forma de malicia. Más bien, sean bondadosos y compasivos unos con otros, y perdónense mutuamente, así como Dios los perdonó a ustedes en Cristo.
>
> Efesios 4:22-32

Podemos concluir que la decisión que un individuo hace por Jesús debe tener unas señales claras de cambio. No puedo determinar tiempos para esto, pues creo que cada persona tiene una relación íntima e individual con el Espíritu Santo, sin embargo, debe existir un fruto genuino de arrepentimiento. Desde mi perspectiva, el problema no es si una persona que vive de forma desenfrenada y libertina pierde su salvación; el punto es si alguna vez esa persona fue realmente salva.

Dicho esto, quiero compartir contigo lo más profundo que arde en mi corazón respecto a este tema:

Dios, nuestro Abba, es un Padre anhelante, deseoso de abrazar a sus hijos, de tenerlos cerca, de que vivan plenamente convencidos de que llevan en sí el ADN espiritual del Hijo.

Ese ADN está en la Sangre preciosa de Jesús, y lo recibimos cuando dejamos de ser solo criaturas para convertirnos en hijos amados del Padre.

Todo ser humano, antes de conocer a Jesús, tiene que luchar con el sentimiento de orfandad que carga. Es mi anhelo que este libro te conduzca por el camino para salir de la condición de huérfano a la condición de hijo. Recuerda que este proceso conlleva una lucha constante en tu mente, tus emociones y tu entendimiento. ¿Por qué? Porque hay mentiras profundamente arraigadas, ideas falsas que Dios quiere desmantelar poco a poco para moldear en ti la identidad de un verdadero hijo.

En el capítulo anterior estuve explicando que hay un intruso, un inquilino en la mente de toda persona; es un huésped no deseado que está allí. Este personaje viene incluso en nuestro ADN, desde nuestros ancestros; personas que ni siquiera conocimos nos transmitieron temores, patrones y hábitos destructivos. Es lamentable que no hay nada que se pueda hacer en el ámbito humano para despojarse de esa carga.

La buena noticia es que si recibiste a Jesucristo como tu Señor y Salvador, en el momento que aceptaste su sacrificio en la cruz como paga por tus pecados, automáticamente en tu espíritu tuvo lugar una «transfusión» (figurativamente hablando). Su Sangre preciosa reemplazó la sangre contaminada que heredamos por naturaleza.

El ADN espiritual que recibimos de nuestros padres fue removido y en su lugar se implantó el ADN perfecto del Hijo de Dios.

Tengo claridad en que si algo vino a enseñarnos Jesús es a vivir como hijos. Recuerda que Él es el Hijo, el primogénito, nuestro hermano mayor. Jesús nos enseña sobre todas las cosas la manera de actuar como hijos de Dios. Si hay alguien a quien tienes que imitar y esforzarte por conocer es a Él, a Jesús, el Hijo unigénito del Padre.

RECORDEMOS QUÉ SIGNIFICA EL ADN

Desde un punto de vista químico, el ADN es la macromolécula base de la herencia. Es un ácido nucleico que contiene información de las características hereditarias de cada ser vivo; se encuentra en el núcleo de las células y porta las instrucciones biológicas que hacen de cada individuo alguien único. No hay nadie en este planeta que tenga las mismas características que tú tienes; ni siquiera los hermanos, aun siendo gemelos, pueden ser idénticos. Debes saber que tu ADN es único y portas una información individual que, sin duda, Dios determinó.

Desde el punto de vista espiritual, el ADN también contiene una información que define la singularidad de cada persona. En todos los casos contiene herencias, tendencias, hábitos y características que determinan cómo serán los individuos.

Muchos tienen problemas para aceptarse con sus propias particularidades, incluso en su parte física. Necesitamos entender que fuimos creados de la manera en que somos. ¡Así nos hizo Dios!

Él se deleitó cuando nos formó. Aunque no siempre nos guste lo que vemos en el espejo, aunque no nos agrade alguna parte de nuestro cuerpo, debemos recordar que fuimos creados y Dios está complacido en nosotros porque Él se deleitó formándonos.

Sin embargo, también existen ataduras y maldiciones generacionales que heredamos. Esas maletas que no quisiéramos tener, esas cargas que no quisiéramos llevar, que no pedimos, pero que fueron heredadas de las generaciones anteriores.

Con frecuencia enseño que arrastramos hábitos, costumbres, comportamientos y situaciones de nuestros antepasados, como divorcios o muertes prematuras. La buena noticia es que Cristo cortó con todo eso una vez lo recibiste como tu Señor y Salvador. Esto es un hecho, pero la realidad es que, a pesar de tener la teoría, es decir, de saber lo que está escrito en la Palabra de Dios, algunas veces es común preguntarnos: «¿Por qué sigo así?, se supone que debería estar cambiando, ¿por qué todavía sigo actuando de esta forma?». Hoy te pregunto con amor: ¿Será que el inquilino todavía está en tu mente? ¿Será que ese esclavo interior no te deja avanzar?

La invitación que nuestro Padre Celestial nos ha venido haciendo una y otra vez durante estos capítulos es la misma en la Biblia:

> No se amolden al mundo actual, sino que sean transformados mediante la renovación de su mente. Así podrán comprobar cuál es la voluntad de Dios, buena, agradable y perfecta.
>
> Romanos 12:2

Este pasaje nos dice que no nos amoldemos a este mundo, es decir, que no adoptemos la forma de vivir de la sociedad. ¡Es tan fácil adaptarse al comportamiento de este mundo! Y es que tiene muchas cosas que ofrecernos como los placeres que brinda el dinero. Esto es más notorio en el país donde vivo, en Estados Unidos. En esta nación la gente trabaja duro y muchas veces ve más resultados que en sus países de origen.

La Palabra de Dios nos dice: ¡No se amolden a este mundo, deben ser transformados!

¿Cómo ocurre? Por medio de la **renovación de la mente**.

La renovación de la mente viene por el oír la Palabra de Dios y dejarse lavar por ella.

Es como un «baño espiritual» que recibimos cada vez que escuchamos un sermón, leemos la Biblia o pasamos tiempo en comunión con Dios.

Es en esos momentos donde el Espíritu Santo limpia nuestra mente de pensamientos heredados y deformaciones aprendidas.

Papá, el Padre Dios, quiere adoptarte; pero el Espíritu de adopción que viene a tu vida puede que se encuentre con ese inquilino o huésped. Tal vez, te encuentras con el temor que muchas veces te embarga al haber estado huérfano por muchos años; incluso, al estar en la iglesia domingo tras domingo. Quizá, cada vez que abres la Biblia encuentras palabras de Dios que te confrontan y te hablan, tú quieres creer, pero tu mente dice: «No, eso está muy bueno para ser cierto».

La invitación que Dios nos ha estado haciendo desde siempre es a que seamos sus hijos, que formemos parte de su familia por la eternidad. Lamentablemente, a veces nos han enseñado que debemos ganarnos el amor de Dios portándonos bien. Pero el amor del Padre no depende de nuestro desempeño. Su amor no se basa en tus logros o fracasos. Él te ama porque eres Su hijo. Esto lo he hablado con la gente y lo menciono en mis prédicas, sin embargo, hay personas que se aprovechan de la gracia que el Padre les ha otorgado y pecan, sabiendo que serán perdonados. Eso no está bien, pues como dijimos antes, si eres un hijo verdadero de Dios, debes andar conforme a su Palabra.

Necesitamos identificar si estamos viviendo como hijos o como huérfanos; hay algunas características que nos ayudan a hacer esa distinción. Recuerda que el huérfano es uno que tiene carencias, en especial de cuidado, amor y protección. El esclavo con mentalidad de huérfano lo pude identificar en el pueblo de Israel y de forma especial en el tiempo de la esclavitud en Egipto. Ellos estaban esclavizados por unos verdugos que los maltrataban y los ponían a trabajar muy fuerte para ganar su comida.

Al clamar por años a Dios, el pueblo obtiene respuesta y **el Señor envía un libertador**. Su palabra lo dice en Éxodo:

> Pero el Señor siguió diciendo: Ciertamente he visto la opresión que sufre mi pueblo en Egipto. Los he escuchado quejarse de sus capataces, y conozco bien sus penurias. Así que he descendido para librarlos del poder de los egipcios y sacarlos de ese país, para llevarlos a una tierra buena y espaciosa, tierra donde abundan la leche y la miel. Me refiero al país de los cananeos, hititas, amorreos, ferezeos, heveos y jebuseos. Han llegado a mis oídos los gritos desesperados de los israelitas, y he visto también cómo los oprimen los egipcios.
>
> Éxodo 3:7-9

Como vemos, esta situación no era desconocida para Dios. Él escuchaba el clamor del pueblo y conocía lo que estaban viviendo. El Señor mismo decide liberarlos; entonces, envía a Moisés para hacerlo. Algo que me impresiona es que se presenta un comportamiento que yo denomino el «síndrome del esclavo». ¿Qué es? Es que este pueblo, una vez que Dios lo rescata, lo libera y lo lleva al desierto para prepararlo con el fin de conquistar esa tierra donde fluía leche y miel, empieza a quejarse. Aquellas personas olvidaron que estaban siendo liberadas y empezaron a refunfuñar diciendo cosas como: «¡Ah! ¡Estábamos mejor en Egipto, allí teníamos mejores condiciones!» Tal vez, a veces, nosotros hacemos lo mismo.

Quizá, alguna vez le has pedido a Dios: «Quítame este pecado», «Padre, ya no quiero ser así, no quiero caer en tentación, ceder ante la pornografía, las adicciones, la ira o la mentira». No sé cuál haya sido tu oración, pero Él te escucha y envió a su libertador, a Jesús, quien te ofrece una verdadera libertad. El Espíritu Santo desea fortalecerte para que salgas de esa cárcel. Es frecuente que nos encontremos de repente con situaciones que nos jalan y nos quieren devolver a lo que ya no queremos hacer, para convertirnos una vez más en esclavos. ¡Es ese pensamiento de esclavitud que todos tenemos, y puede llegar a ser una batalla frecuente en nuestra mente!

Así como la Biblia dice que todos los días debemos tomar nuestra cruz y seguir a Jesús, cada día podemos lidiar con esos pensamientos hasta que se vuelvan algo del pasado. Debes saber que ¡Jesús ya ganó esa batalla por ti y puedes ser verdaderamente libre!

Hay tres áreas donde se puede reflejar la mentalidad de huérfano y son las siguientes:

LA VIDA ESPIRITUAL

¿Cómo se refleja la orfandad en tu vida espiritual? Cuando oras a Dios o meditas en tu vida, pero estás pensando cosas como: ¡Ah! ¡Es que antes todo era mejor! ¡Ah! ¡Es que en ese tiempo, cuando yo no conocía de Dios, todo era diferente! Esta es una muestra de una mente dividida.

Quiero decirte que esta dualidad no debe estar presente en tu vida espiritual; o estás viviendo como un esclavo o decides abrazar el lugar y momento al que Dios te llevó. El desierto es una temporada en la vida y no va a durar para siempre. En el desierto, el Señor, así como lo estaba haciendo con el pueblo de Israel, te saca la mentalidad de esclavo. Imagina cuál era la forma de pensar del pueblo después de llevar cuatrocientos años en esclavitud.

Cuando estés en el desierto da gracias a Dios porque ahí, Él te está despojando, es decir, quitándote todo lo que te impide vivir como hijo.

Debemos entender que una multitud de esclavos no podía conquistar todas las naciones que Dios había prometido, así que, se necesitaba una organización gubernamental, sacerdotal e incluso el establecimiento de leyes y la formación de un ejército. Muchas personas dicen que la llegada a la tierra prometida era cuestión de días, pero la realidad es que todo lo anterior no se forma en días, se requiere de años; cuarenta, para ser más exactos.

Se supone que un hijo en su vida espiritual, debería hacer lo que ve hacer a Jesús porque el Señor dijo que Él hace lo que ve hacer al Padre, es decir, el Padre le muestra y Jesús lo hace. Al contrario, un hijo con mentalidad de huérfano o de esclavo hace lo que quiere, toma sus propias decisiones, no consulta con Dios y después, cuando ya está en medio del problema, pide ayuda: «¡Ay Papá! ¡Por favor, sácame de esta situación, tengo un conflicto terrible!». Esa es la mentalidad de huérfano.

Otro aspecto sencillo para identificar que la Paternidad de Dios no es clara en tu vida, es la manera como te diriges a Él en oración. Si no puedes acercarte al Padre en oración o cuando oras no tienes claro a quién te estás dirigiendo, creo que no conoces el rol de cada persona de la Trinidad.

No quiero complicarte en tu oración, pero debes saber lo que Jesús nos enseñó: que oráramos al Padre Celestial. Por favor, recuerda que tienes un Padre, un Señor y Salvador que es Jesús, y un poderoso Espíritu Santo que te acompaña, te guía y te empodera para vivir la vida de un verdadero hijo.

PROVISIÓN

Este es el segundo punto donde la mente de huérfano o esclavo se puede estar manifestando en tu vida. El hijo con mentalidad de huérfano interpreta la bendición, bien sea como una gran carga o como un derecho que reclama. Ejemplo de esto es el pueblo de Israel, que se quejaba porque en esa época en el desierto Dios les enviaba maná; desde la mañana Él lo enviaba para que el pueblo tuviera alimento cada día. Cada mañana, ellos abrían la puerta y encontraban el maná, que era la provisión, el alimento diario; sin embargo, ellos se cansaron de recibir lo mismo.

Imagina cómo te sentirías comiendo lo mismo todos los días; es probable que haya un punto en el que te canses.

¿Es así? Tal vez, desearías otro alimento. El pueblo de Israel no solo se cansó, sino que se quejó y dijo: «Estábamos mejor en Egipto, allá nos sentábamos alrededor de las ollas, alrededor de la carne y el pan, teníamos alimentos deliciosos».

Con respecto a esto, me pregunto: ¿Cuál pan, cuál olla, cuál carne? ¡Ellos olvidaron que eran esclavos! En Egipto debían trabajar duro para que les dieran un plato de comida.

¿Eso era libertad? ¿Era una mejor vida? ¡No! Pero la mentalidad de esclavos los traicionaba y los llevaba a tener un alto sentido de merecimiento y a ser muy desagradecidos. Puede que lleguen temporadas que te traten de involucrar de nuevo en la esclavitud, que te lleven a pensar: *Esto o aquello era mejor antes, a mí me iba mejor en el pasado, yo hacía lo que quería, todo lo que yo ganaba era para mí, ahora resulta que tengo que dar más, diezmar, ofrendar*. El hijo que está seguro de su identidad, le da a su Padre con amplitud, porque sabe que Dios es el dueño y tiene claro que la libertad no tiene precio.

La persona que tiene mente de hijo agradece y no exige, sabe que todo proviene de la mano del Padre y que todo es por su misericordia; por otro lado, quien tiene mentalidad de esclavo dice: «Tengo que guardar, esto me ha costado mucho obtenerlo, nadie me va a dar, ¿quién vela por mí?». Es allí, cuando la queja aparece y la mala actitud; es allí, donde falla la memoria. Esto era lo que hacía el pueblo de Israel en ese momento; se quejaban y olvidaban que Dios los había librado.

MENTALIDAD DE VÍCTIMA

Se manifiesta cuando se vuelve con frecuencia a los recuerdos dolorosos del pasado. Cuando la persona se queja y se compara, cuando exige y busca responsables por sus situaciones.

Todo esto fue evidente con el pueblo de Israel, ellos se quejaron a tal punto que Dios los quiso exterminar en algún momento y Moisés tuvo que intervenir a su favor.

Ellos con frecuencia comparaban su situación actual con la que vivían en Egipto; más adelante se compararon también con otras naciones de la tierra, deseando parecerse a ellas, aunque Dios los había hecho un pueblo único.

Durante su peregrinación por el desierto, exigieron otro tipo de comida, agua y un cambio de liderazgo, entre muchas otras cosas. El sentido de merecimiento y falta de agradecimiento del pueblo de Israel fue increíble.

Por otra parte, Moisés pasó de héroe a villano. En algunas ocasiones, muchos lo veían como lo mejor que Dios les había dado, y en otras, como el culpable, el responsable de traerlos a morir en el desierto.

¿Eres de las personas que juzga, se queja y no agradece?

¿Tu alegría está determinada por las circunstancias? ¿Te estás quejando de Dios por las situaciones actuales? Te recuerdo que circunstancias vamos a tener todo el tiempo, buenas y no tan buenas, sin embargo, ninguna de ellas debe determinar quién es tu Padre Celestial. Él será el mismo hoy y siempre. Su amor por nosotros es eterno.

¿Crees que vas a vivir una vida perfecta, sin ningún quebranto ni momento difícil? Déjame decirte que eso no va a pasar. La

Biblia dice que en Dios vamos de gloria en gloria y de victoria en victoria. Él estará con nosotros en cada momento; cuando tengamos situaciones difíciles podremos decirle: «Necesito de tu ayuda, no puedo solo, ¡ayúdame Señor!». Entonces, Él nos hará fuertes y nos ayudará a vencer.

> Olviden las cosas de antaño; ya no vivan en el pasado. ¡Voy a hacer algo nuevo! Ya está sucediendo, ¿no se dan cuenta? Estoy abriendo un camino en el desierto, y ríos en lugares desolados.
>
> Isaías 43:18-19

Eso te dice hoy tu Padre Celestial: ¡Ya no vivas en el pasado! Lo que viviste, el rechazo, el abandono, la traición, el abuso y otras cosas fueron reales, pero ¡no son tu realidad actual! Dios te invita a renovar tu mente y abrazar tu verdadera identidad, la de hijo amado, no abandonado ni rechazado, no traicionado ni juzgado, sino perdonado, aceptado y reconciliado con el Padre. Él hace todo nuevo en ti a través de su Espíritu Santo. ¡Él te da una vida completamente nueva en Cristo!

El hijo es dependiente y profundamente seguro en su Padre; en cambio, el que tiene una mentalidad de huérfano vivirá como una víctima haciendo lo que quiere.

Mi invitación es que no te quedes en pensamientos que susurran que no eres amado o no importante para Dios; no dejes que hagan nido en tu cabeza. Aprópiate de tu nueva identidad de hijo. Cree que el espíritu de orfandad será quebrantado y expulsado de tu vida mediante el lavamiento de la Palabra y la obra de santificación del Espíritu Santo.

Quiero invitarte a meditar profundamente en el siguiente pasaje:

> Ustedes ya son hijos. Dios ha enviado a nuestros corazones el Espíritu de su Hijo que clama ¡Abba! ¡Padre! Así que ya no eres esclavo, sino hijo; y, como eres hijo, Dios te ha hecho también heredero.
>
> Gálatas 4:6-7

Antes de conocer al Señor eras esclavo de las normas de este mundo; pero ahora que conoces al único y verdadero Dios, ¿cómo podrías querer regresar a esos principios ineficaces y sin valor? ¿Deseas volver a ser esclavo de ellos? ¡No! No puedes permitir que el espíritu de esclavitud gobierne tu mente.

> Y ustedes no recibieron un espíritu que de nuevo los esclavice al miedo, sino el Espíritu que los adopta como hijos y les permite clamar: ¡Abba! ¡Padre!
>
> Romanos 8:15

Es mi oración que abraces la Paternidad de Dios y su amor; que aceptes tu verdadera identidad como hijo de Dios.

Recuerda que lo único que nos puede hacer libres es la preciosa Palabra de Dios.

> Alabado sea Dios, Padre de nuestro Señor Jesucristo, que nos ha bendecido en las regiones celestiales con toda bendición espiritual en Cristo.
>
> Dios nos escogió en Él antes de la creación del mundo, para que seamos santos y sin mancha delante de Él. En amor nos predestinó para ser adoptados como hijos suyos por medio de Jesucristo, según el buen propósito de su voluntad, para alabanza de su gloriosa gracia, que

nos concedió en su Amado. En Él tenemos la redención mediante su sangre, el perdón de nuestros pecados, conforme a las riquezas de la gracia que Dios nos dio en abundancia con toda sabiduría y entendimiento. Él nos hizo conocer el misterio de su voluntad conforme al buen propósito que de antemano estableció en Cristo, para llevarlo a cabo cuando se cumpliera el tiempo, esto es, reunir en Él todas las cosas, tanto las del cielo como las de la tierra.

En Cristo también fuimos hechos herederos, pues fuimos predestinados según el plan de aquel que hace todas las cosas conforme al designio de su voluntad, a fin de que nosotros, que ya hemos puesto nuestra esperanza en Cristo, seamos para alabanza de su gloria. En Él también ustedes, cuando oyeron el mensaje de la verdad, el evangelio que les trajo la salvación, y lo creyeron, fueron marcados con el sello que es el Espíritu Santo prometido. Este garantiza nuestra herencia hasta que llegue la redención final del pueblo adquirido por Dios, para alabanza de su gloria.

Efesios 1:3-14

Te invito a realizar la siguiente oración:

Padre Celestial, en este día he entendido que en mi vida han existido características de huérfano y por eso renuncio a la mentalidad de víctima que me ha tenido atrapado en el pasado. Pido que el Espíritu de adopción comience una obra poderosa en mi vida, mientras crezco en la lectura de la Palabra y en el conocimiento de ti, Padre Amado.

Señor Jesús, gracias por tu obra en la cruz que me reconcilia y me da acceso libre al trono de la gracia. En tu Nombre amado Jesucristo. Amén.

Capítulo 6

HEREDEROS

Uno de los aspectos importantes que debemos comprender en este proceso es el hecho de que, como hijos, tenemos una herencia. Tal vez no estés muy familiarizado con este concepto, pero es fundamental para entender el corazón del Padre.

Antes de profundizar en el tema, quiero compartir un ejemplo que te ayudará a entender mejor lo que Dios quiere transmitir.

Años atrás, mientras trabajaba como ejecutivo para una empresa, fui contactado por una organización especializada en buscar candidatos para compañías que representaban. A estas compañías se les llama «Head Hunters» y su función es buscar personas que tengan ciertas características que las empresas necesitan. Ellos realizan un proceso de entrevistas hasta encontrar al candidato ideal.

Cuando me contactaron, algunas de las cosas que pregunté, fueron: ¿Qué tipo de compañía es? ¿Qué hace? ¿A qué tipo de mercado sirve? ¿Cuáles son las características y los valores de la empresa? Después de eso, también analicé algo muy importante: el salario.

Una de las cosas interesantes de esos procesos es que las empresas ofrecen beneficios adicionales más allá del salario. En muchos casos, el salario no representa toda la compensación. Las compañías ofrecen un «paquete salarial» o esquema de compensación, donde, además del pago mensual, se incluyen beneficios como seguro médico, seguro dental o seguro de vida. En algunos casos, también ofrecen bonificaciones anuales según el desempeño, incluso un vehículo, el acceso a ciertos clubes o una tarjeta de crédito con un monto mensual para gastos de representación.

Si el candidato acepta la oferta y es contratado, todos estos beneficios pasan a ser parte de lo que legalmente le corresponde. Sin embargo, es necesario que la persona los active o los reclame para disfrutarlos. Esto quiere decir que, en determinado momento, la persona puede decidir si quiere o no utilizar los beneficios. Por ejemplo, podría pensar: *Me van a dar ese carro en la compañía, pero a mí no me gusta; prefiero seguir manejando mi carro*. Quizá, alguien no acepte el beneficio dental o el acceso a ciertos clubes. Recuerda que todas estas ventajas ya le pertenecen a ese empleado, pero él tiene que aceptarlas y expresar: «Las acepto, las voy a utilizar y voy a sacar provecho de ellas».

Creo que, aunque Dios no nos contrata ni nos ofrece un «paquete de beneficios laborales», al hacernos sus hijos, sí nos otorga beneficios que ya nos pertenecen, aunque muchos no los están aprovechando, tal vez, porque no los conocen o no se han apropiado de ellos.

¿Cuáles son los beneficios que tienen los hijos de Dios?

¿Qué incluye todo lo que el Padre Celestial quiere entregar a sus hijos?

En este capítulo deseo compartir al menos cuatro de esos beneficios. Es mi oración que el Señor transforme tu entendimiento y que algo suceda en tu ser en este día.

> Y ustedes no recibieron un espíritu que de nuevo los esclavice al miedo, sino el Espíritu que los adopta como hijos y les permite clamar: « ¡Abba! ¡Padre!» El Espíritu mismo le asegura a nuestro espíritu que somos hijos de Dios. Y, si somos hijos, somos herederos; herederos de Dios y coherederos con Cristo, pues, si ahora sufrimos con Él, también tendremos parte con Él en su gloria.
>
> Romanos 8:15-17

En los capítulos anteriores, hablábamos de que la situación no tiene que ver con el espíritu porque el espíritu es vivificado de manera inmediata. El Espíritu Santo le da testimonio a nuestro espíritu de que somos hijos; el problema está en nuestra mente, porque podemos tener una identidad espiritual clara, pero aun así, seguir en esclavitud.

El versículo 17 de la anterior porción de la Palabra nos dice que somos herederos de Dios y coherederos con Cristo.

SI ERES HIJO, ERES HEREDERO

La Biblia dice que el cielo, la tierra y todo lo que hay en ella es de mi Papá. Él es el dueño del oro y de la plata; la pregunta es, ¿creo esta verdad?

> Del Señor es la tierra y todo cuanto hay en ella, el mundo y cuantos lo habitan; porque Él la afirmó sobre los mares, la estableció sobre los ríos.
>
> Salmos 24:1

> Mía es la plata, y mío es el oro, dice Jehová de los ejércitos.
>
> Hageo 2:8

> Pídeme, y como herencia te entregaré las naciones; ¡tuyos serán los confines de la tierra!
>
> Salmos 2:8

Sé que el versículo anterior es una profecía respecto a Jesús, pero todas y cada una de estas palabras pueden ser tuyas porque dice la Biblia: Y si somos hijos (de Dios), somos herederos; herederos de Dios y coherederos con Cristo (Romanos 8:17). ¿Qué significa ser coherederos? Que la herencia nos corresponde también a nosotros.

> Ustedes ya son hijos. Dios ha enviado a nuestros corazones el Espíritu de su Hijo, que clama: «¡Abba! ¡Padre!» Así que ya no eres esclavo, sino hijo; y, como eres hijo, Dios te ha hecho también heredero.
>
> Gálatas 4:6-7

¡Ya son hijos! Ya han recibido a Jesucristo como su Señor y Salvador, como hijos tenemos **herencia**. El problema es que la gran mayoría de las personas no comprenden que tienen esta herencia.

Mis padres tomaron la decisión en vida de empezarnos a entregar bienes que les pertenecían, es decir, fui beneficiado con una herencia. Lo que ellos nos dieron les pertenecía, ellos habían trabajado por estas cosas. Yo no había hecho algo para recibir esta herencia, tan solo era uno de sus hijos; mis padres realizaron el trabajo, se esforzaron y en un momento determinado lo entregaron como un regalo a nosotros.

Para muchas personas, el concepto de herencia es vago o lejano, ya que, sus padres no han dejado más que problemas o deudas al morir.

La Biblia nos dice: Así que ya no eres esclavo, sino hijo, y como hijo Dios te ha hecho heredero. Es sencillo, **si eres hijo, de inmediato te conviertes en heredero**. La pregunta es ¿cuál es la herencia?, ¿qué es lo que me corresponde? Esto lo estudiaremos más adelante.

SOMOS HEREDEROS, PERO PODEMOS VIVIR COMO ESCLAVOS

En otras palabras, mientras el heredero es menor de edad, no se distingue en nada de un siervo, a pesar de ser dueño de todo. Más bien, está bajo el cuidado de tutores y administradores hasta la fecha fijada por su padre. Así también nosotros, cuando éramos menores, estábamos esclavizados por los principios de este mundo. (Gálatas 4:1-3)

Un heredero inmaduro es igual a un esclavo.

El apóstol Pablo nos dice que los hijos inmaduros no disfrutan de los beneficios que solo son otorgados a los hijos maduros. Están bajo tutores y administradores hasta la fecha señalada por el padre.

Tener un testamento no es señal de incredulidad, sino de sabiduría y responsabilidad.

Yo tengo un testamento, y debido a ese sentido de responsabilidad, deseo que, en caso de que algo suceda, las cosas estén claras. Lo hablé con mi esposa, se lo presenté, hay testigos que firmaron, mi secretaria tiene una copia, y allí doy instrucciones precisas. Una de ellas es que, en caso de que Dios no lo quiera, mi esposa y yo faltamos, y mi hija aún sea pequeña, ella debería quedar al cuidado de tutores, es decir, personas que estarían a cargo de ella. También especifiqué que de todo el dinero y propiedades solo se le entregará una porción cuando cumpla los 18 años, y el resto más adelante. Lo decidí así porque no sé si a los 18 años ella sabrá manejar bien las finanzas, quizá no haya hecho cursos sobre esto ni haya leído los libros del papá. Esto llevaría a que, por su inmadurez, pudiera quedarse sin nada. Entonces, una porción se le entregará al alcanzar esa edad, y otra cuando sea mayor, es decir, más madura.

El heredero, mientras es menor de edad, no se diferencia de un esclavo, porque aún no tiene la capacidad de decidir correctamente, ni la madurez para recibir la herencia y administrarla.

El apóstol Pablo nos dice que los hijos inmaduros no disfrutan de los beneficios que solo el Padre les puede confiar a los maduros. La característica principal que Pablo resalta de un hijo inmaduro es que tiene una mente mundana.

¿Qué significa una mente mundana? Una mentalidad enfocada únicamente en sí misma, una perspectiva egoísta que vive para su propio bienestar, sin considerar el bien de los demás.

Te has preguntado alguna vez, ¿quién le enseñó a un niño de año y medio o dos a ser egoísta? Basta con que otro niño llegue a la casa para que ese peluche, que llevaba seis meses guardado, se convierta en su juguete preferido, y ¿qué dice? ¡Es mío! Ese niño no quiere compartir. En algunos casos esa situación empeora al crecer.

Otro ejemplo es el de los adolescentes cuando sueñan con unos nuevos tenis. A menudo, no les importa si en casa hay comida o no. El papá puede decirle: «Hijo, es que no tenemos dinero para eso», y el chico responde: «Pero es que yo quiero mis tenis». ¿Cómo se llama eso? Egoísmo.

Entonces, hay personas que están tan enfocadas en sus propios intereses que no piensan en los demás. La inmadurez es preocuparse solo en uno mismo, tener en consideración solo los asuntos propios y no el hogar.

Es fundamental conocer que, **como hijos, tenemos beneficios, pero también tenemos responsabilidades**.

NECESITAMOS ENTENDER LA HERENCIA

Creo que, como muchas personas no han experimentado lo que es recibir una herencia, no han comprendido lo que significa.

> Pido que el Dios de nuestro Señor Jesucristo, el Padre glorioso, les dé el Espíritu de sabiduría y de revelación, para que lo conozcan mejor. Pido también que les sean iluminados los ojos del corazón para que sepan a qué esperanza Él los ha llamado, cuál es la riqueza de su gloriosa herencia entre los santos, y cuán incomparable es la grandeza de su poder a favor de los que creemos. Ese poder es la fuerza grandiosa y eficaz que Dios ejerció en Cristo cuando lo resucitó de entre los muertos y lo sentó a su derecha en las regiones celestiales, muy por encima de todo gobierno y autoridad, poder y dominio, y de cualquier otro nombre que se invoque, no solo en este mundo, sino también en el venidero.
>
> Efesios 1:17-20

El apóstol tiene que decirles: «Yo le pido al Padre que les dé espíritu de sabiduría, que les dé espíritu de entendimiento, que los haga sabios, que les quite las vendas de los ojos». Esto es similar a lo que sucedió con Jesús, cuando, en determinado momento, en algunos de los evangelios, dice: «Jesús les abrió el entendimiento».

Muchos hijos de Dios no han comprendido lo que significa ser un hijo. Es como un bebé que nace en una familia llena de riquezas, pero no entiende los beneficios que posee y los dolores que el dinero le «puede evitar». Por ejemplo, uno de los príncipes de Inglaterra tuvo un hijo algún tiempo atrás, ¿crees que ese niño sabía a qué familia pertenecía?, ¿crees que él sabía qué tipo de vida tendría? El niño no tenía la más remota idea, lo único que le importaba era ser alimentado y estar cómodo y cuidado. El bebé no comprende su realidad, y creo que muchas veces en la iglesia estamos igual.

Puedo dar otro ejemplo muy claro y es el de hijos que nacen en un hogar cristiano y no valoran ni comprenden todos los dolores que se van a evitar porque mamá y papá fueron formados en la fe. En mis conversaciones con personas de la iglesia, muchos se hacen esta pregunta: ¿Por qué no conocí a Jesús antes?

De la misma manera como un bebé que nace en una familia llena de riquezas no comprende todos los beneficios que posee, así mismo puede sucederle a un hijo nacido en una familia de fe, en una familia de creyentes donde las oraciones a Dios están presentes de manera constante.

La verdad es que la mayoría de los creyentes no han entendido ni valorado la grandeza de lo que el Padre les ha entregado por medio de su Hijo Jesús; sin embargo, de la misma manera, como lo mencionaba en el ejemplo que daba sobre mi testamento, a los hijos de Dios una parte les fue dada en un momento específico y la otra se les entregará más adelante.

La primera parte en la que me quiero enfocar ahora mismo y en la que pido a Dios que te permita comprender lo que significa convertirnos en sus hijos, está constituida por dos palabras muy sencillas: Vida eterna.

> ¡Alabado sea Dios, Padre de nuestro Señor Jesucristo! Por su gran misericordia, nos ha hecho nacer de nuevo mediante la resurrección de Jesucristo, para que tengamos una esperanza viva y recibamos una herencia indestructible, incontaminada e inmarchitable. Tal herencia está reservada en el cielo para ustedes, a quienes el poder de Dios protege mediante la fe hasta que llegue la salvación que se ha de revelar en los últimos tiempos.
>
> 1 Pedro 1:3-5

Hay una parte que recibiremos en el cielo, pero hay otra que se hace efectiva aquí en la tierra. Una porción de la herencia la cobramos acá, si se puede decir de esa manera. Somos hechos hijos de Dios y estamos destinados a vivir esa vida abundante que dice la Palabra.

> Y esta es la vida eterna: que te conozcan a ti, el único Dios verdadero, y a Jesucristo, a quien tú has enviado.
>
> Juan 17:3

¿Cuál es la vida eterna? Que conozcas a Jesús y por medio de Él tengas aquí en la tierra una vida abundante como lo menciona la Biblia:

> El ladrón no viene más que a robar, matar y destruir; yo he venido para que tengan vida, y la tengan en abundancia.
>
> Juan 10:10

¿Qué significa la vida abundante? Una vida abundante incluye un matrimonio bendecido donde pueda ocurrir aquello que dijo el pastor al casarlos: «Hasta que la muerte los separe»; y no las deudas, la infidelidad, la pornografía, el estrés por el dinero u otros los separen.

La vida de los hijos de Dios es aquella en la que se experimentan milagros y manifestaciones del poder del Señor; en la cual los hijos no terminan siendo parte de las estadísticas de embarazos en adolescentes, drogadicción, muerte prematura, depresión o ansiedad.

Todo eso se debe manifestar en la Iglesia de Cristo; es mi deseo que comprendamos algo muy importante y es que vivimos muy enfocados en esta tierra, ¿es eso malo? ¡No! Dios nos puso en este lugar, pero quiero decirte que la Biblia dice que nuestro paso por este planeta es transitorio, que la vida del hombre es como la niebla, hoy estamos, mañana no lo sabemos. Jesús dice:

> ¿Quién de ustedes, por mucho que se preocupe, puede añadir una sola hora al curso de su vida?
>
> Mateo 6:27

Quiero contarte lo siguiente: En marzo del año 2014, un avión de la compañía Malasia Airlines fue reportado como perdido y hasta hoy se presume que cayó en el océano; han pasado muchos años y no se ha encontrado. Hace poco, viajaba en un avión igual a ese, un Boeing 777, que es un avión muy grande.

Según su configuración, en algunos casos tiene una capacidad para unas 350 personas. Usualmente, cuando una persona viaja mucho, aprende a conocer los mejores asientos y los selecciona en el momento de la compra del boleto. En el vuelo en mención, escogí asientos muy cómodos y mi hija estaba muy contenta porque a ella le gustan los asientos grandes; este es uno de los aviones que más utilizo durante un año regular. Sin embargo, el día anterior, había tenido otro viaje y fue muy diferente. Ese día tuve que ir a Washington en un viaje intempestivo; no pude escoger el asiento y tuve que viajar en el que me asignaron, justo uno que está antes de la salida de emergencia, que no se reclina y que tiene muy poco espacio para estirar las piernas. Además, era el asiento del centro.

En ese viaje yo pensaba: *Voy a estar tres horas aquí, ¿qué voy a hacer?*; gracias a Dios, las señoras que iban a mi lado eran de baja estatura. Alguien que no me conozca se preguntará: ¿Cuál es el inconveniente con el asiento? El problema es que mi estatura es de casi dos metros (más de seis pies) y mi contextura es grande, por lo que resulta bastante incómodo realizar un viaje en un asiento inadecuado.

Cuando viajo estoy muy consciente del tipo de avión, el asiento, la ubicación, la comida, entre otras cosas. Creo que regresando al caso del avión de Malasia Airlines, seguramente allí viajaban personas que, al igual que yo, se preocuparon por elegir bien el asiento. Es probable que hayan tenido en cuenta si estaba en primera clase o en clase económica y cuál sería su ubicación. Estaban enfocados en el asiento, pero tal vez no pensaban en el inmenso océano sobre el cual volaban.

El punto que quiero compartir es que, mientras muchos de los pasajeros estaban enfocados en el avión, ninguno o muy pocos estaban pensando en el océano. Es importante notar que, a pesar de ser un avión extremadamente grande, en comparación con el océano era como un grano de arena en la playa.

Con la vida eterna sucede exactamente lo mismo. Aquí estamos muy conscientes del carro, la casa, las vacaciones, la ropa, las joyas, las cirugías, entre muchas otras cosas, pero no estamos conscientes de la otra vida. ¡Te tengo una noticia! Nuestra vida aquí es menos que un grano de arena comparada con la eternidad.

Los setenta, ochenta o cien años que vivamos no son nada frente al tiempo eterno.

Los cristianos inmaduros están enfocados en lo que pasa aquí en la tierra. ¿Sabes cuál es una muestra de un cristiano inmaduro? Los cristianos inmaduros no comparten la fe porque piensan que como van para el cielo y «ya marcaron tarjeta», no tiene por qué importarles que los demás se vayan al infierno. Eso cree un hijo de Dios inmaduro.

Hace poco estaba con algunas personas ordenando unos sándwiches. En la fila había un muchacho y empezamos a hablar:

—¿De dónde eres? —le pregunté.

—De Barquisimeto —me contestó.

—¿Cuánto hace que vives aquí?

—Llegué hace dos días.

—¿Planeas ir a una iglesia?

—Es que llegué hace dos días, pero sí, necesito ir.

Cualquier persona que no tiene consciencia de la vida eterna, hubiera realizado su compra y termina la conversación. La mayoría de las veces somos tan egoístas que lo único que queremos es pedir nuestra comida y comer, sin darnos cuenta de que nuestro Padre Celestial desea reconciliar a alguien más con Él por medio de nuestra vida.

¿Cuánto tiempo nos toma hacer una pregunta sencilla?, ¿dos o tres más?, ¿cuánto nos toma entablar una conversación con alguien y hablarle del Padre?

El hijo inmaduro no evangeliza ni comparte su fe en Jesús. Tampoco diezma, porque no le importa cómo está la casa de su Papá, cree que otros son los que deben dar, y no se trata de eso. Puede pensar: *Es que yo gano tan poco que no puedo ofrendar*; esto es incorrecto.

Dios es tan sabio que a todos nos instruye a dar lo mismo proporcionalmente.

¿Ganas un millón? Da el 10%. ¿Ganas cincuenta mil? Da el 10%. ¿Ganas doce mil? Da el 10%. Así funciona el diezmo. No te imaginas las conversaciones que se generan en la mente de un hijo de Dios cuando está obedeciendo.

Un domingo estaba en Lima, Perú, predicando en una iglesia preciosa, con unos pastores espectaculares que hacen muchísimo por las familias y por el continente. Todos los domingos ellos tienen que armar y arreglar las cosas para la reunión porque se están congregando en un lugar alquilado; esto es muy difícil.

Las personas tienen que levantarse a las cuatro de la mañana para conducir hacia Lima; deben arreglar el sitio, poner los parlantes, las sillas y muchas cosas más para dejar todo listo. Ellos tienen cinco reuniones durante el día. Empiezan el domingo desde las ocho de la mañana y terminan a las ocho de la noche. Mientras predicaba en aquella iglesia, Dios me decía: «Háblales, desafíalos». «¡Recuérdales que deben creer! ¡Diles que yo soy un Dios bueno, al que pueden conocer y poseer!».

Debes saber que los principios del Padre traen bendición a tu vida, a tu familia, a tu entorno y a tus generaciones.

Durante la construcción del edificio de la iglesia Presencia Viva en Miami, alguien me preguntó: «¿Usted no estará construyendo este edificio por ego personal?». Yo le contesté: «Sabes, si algo ha hecho este edificio es destruir mi ego, pues en el pasado manejaba presupuestos de cincuenta, sesenta y hasta setenta millones de dólares y eso dependía de mí, es decir, de lo bien que compraba, de cuánto vendía y de cómo trataba a los clientes, pero aquí, ¿de quién depende todo esto? Aquí todo depende de Dios, y de que sus hijos escuchen y obedezcan». Entonces, por mi parte, también debo obedecer y construir.

Hay muchos hijos inmaduros a quienes el Padre no puede confiarles más herencia, porque no entienden que son administradores de lo que Él les confía.

Jesús, como Dueño de todo, hizo un intercambio con nosotros: Cambió su herencia por nuestro castigo y pagó el precio que nos correspondía pagar. El unigénito Hijo de Dios vino a la tierra, vivió sin pecado, e intercambió su herencia por tu culpa y por la mía. La Biblia establece que:

> Porque la paga del pecado es muerte, mientras que la dádiva de Dios es vida eterna en Cristo Jesús, nuestro Señor.
>
> Romanos 6:23

Muchos hijos de Dios van a la iglesia domingo tras domingo y simplemente dicen: «No me gustó mucho la alabanza, no cantaron lo que a mí me agrada». Tal vez, son personas que no sirven a los demás, no son voluntarios ni evangelizan. Viven centrados tan solo en sí mismos y no en su familia; peor aún, sin conciencia de la vida eterna.

> Pero los cobardes, los incrédulos, los abominables, los asesinos, los que cometen inmoralidades sexuales, los que practican artes mágicas, los idólatras y todos los mentirosos recibirán como herencia el lago de fuego y azufre. Esta es la segunda muerte.
>
> Apocalipsis 21:8

Delante de cada persona hay dos herencias: una de vida eterna con el Padre Celestial y otra de castigo eterno apartado de Él.

Un beneficio claro al llegar a ser hijos de Dios es paz y tranquilidad; saber que a pesar de estar algunas veces a 35 mil pies de altura y moverse en un avión de lado a lado, podemos decir a Dios: «Si quieres llevarme hoy, estoy listo porque sé que me encontraré contigo». La tranquilidad de saber que tu último suspiro aquí en la tierra es el inicio de tu primer respiro en el Cielo donde estarás por siempre.

Quiero compartir contigo una última historia. Debido al llamado de Dios que hay sobre mi vida, una de las cosas que tengo que enfrentar, porque no lo puedo decir de otra manera, es el acompañar a personas cuando pierden a sus seres queridos.

La muerte tiene una particularidad que ninguna otra cosa genera y es el despertar conciencia de lo eterno. ¿Qué va a suceder, qué viene, qué va a pasar después? En medio de esos momentos de crisis y de pérdida, dolor e incertidumbre, una luz alumbra y las personas me dicen: «Pastor, sé que volveré a verlo, sé que está con el Señor».

Ese pensamiento debe tocarnos profundamente. ¿Qué implica perder eternamente a alguien que no conoció a Jesús? Acompañé a una familia durante años, vi nacer y crecer a sus hijos, sin embargo, uno de ellos era un poco particular. Era extremadamente racional, analítico y todo lo quería comprender desde la razón y la ciencia. Muchas veces me dijo que él deseaba tener la certeza de que aquello que habían creído sus papás era verdad, quería entender la fe cristiana desde la razón. Sus padres solían decirme: «Pastor, lo que más queremos saber es si él tiene la certeza de su destino eterno».

Pasaron los años hasta que un día me llamaron para decirme que aquel muchacho había muerto. Te imaginas mis pensamientos en ese momento: *¿Qué habrá pasado? ¿Cuál sería su conclusión de Dios?* Pasaron varios años y no había vuelto a hablar con él.

Al encontrarme con sus padres en la celebración de la vida del muchacho, pude ser testigo de la misericordia de Dios, ya que, el Señor les permitió a ellos ver un encuentro verdadero de su hijo con Jesús, semanas antes de morir.

En medio de todo ese dolor, lo único que yo veía era la misericordia de Dios. Sus padres me decían: «Sabemos en dónde está». No imagino a su madre creyente que conocía la realidad del cielo y del infierno pensando que su hijo estaría separado de Dios por la eternidad. Eso es el infierno en la tierra.

Hoy, tú tienes la oportunidad, con plena consciencia, de escoger cuál será tu destino eterno. No sé quién es Jesús para ti, pero la pregunta que todo ser humano va a tener que contestar en determinado momento es esta. En un instante nos presentaremos ante el único Juez de la vida y debes saber quién es Jesús para ti. Si es tu Señor y tu Salvador estarás con Él por la eternidad, junto al Padre; pero si no lo es, estarás separado del Altísimo, también por la eternidad.

Si tu respuesta a la pregunta de ¿quién es Jesús para ti?, se parece a lo siguiente: «Es que yo hice muchas cosas buenas, yo iba a la iglesia, recuerdo el domingo en el que el pastor predicó de eso, yo estaba allí», entonces, estás desenfocado. El Señor no te va a preguntar cuántas veces fuiste a la iglesia, si diste o no el diezmo, si evangelizaste o no. ¿Quién es Jesús para ti? Espero que hoy tomes la decisión de hacerlo tu Señor y Salvador.

Si deseas hacerlo, repite esta oración con sinceridad:

Padre Celestial, te doy gracias porque en este día he entendido cuál es mi condición y cuánta necesidad tengo de Jesús en mi vida. Hoy me arrepiento de mis pecados, pido perdón y acepto el regalo de la vida eterna que me ofreces por medio de Jesús. Hoy declaro que Él es mi Salvador, que a partir de este momento será el Señor de mi vida. Gracias por perdonarme y hacerme tu hijo. En el Nombre de Jesús. Amén.

Bienvenido a la familia de Dios.

Capítulo 7

BENEFICIOS

El ser adoptado por el Padre trae muchos beneficios; es lamentable que muchos hijos no los conozcan ni los comprendan. Permíteme compartir una anécdota que me sucedió algún tiempo atrás:

Estaba realizando un largo viaje con un empresario y en una de las escalas del vuelo, lo invité a un salón para viajeros frecuentes donde pudimos descansar, comer y refrescarnos antes de tomar el siguiente avión para finalizar el recorrido.

Mientras esperábamos el llamado para abordar, me preguntó qué debía hacer para tener acceso a la sala en futuros viajes. Siendo honesto, su pregunta me sorprendió; no imaginaba que una persona que viajaba tanto no conociera algo como esto. La razón fundamental de mi sorpresa fue el hecho de que yo tenía acceso a esa sala por una tarjeta de crédito para negocios; y sabía que él también tenía una tarjeta igual.

El punto importante que quiero compartir es que los siguientes treinta o cuarenta minutos de conversación fueron una «clase», si lo pudiera llamar de esa forma, sobre todos los beneficios que como titular de esa cuenta él tenía.

Estos incluían, entre otras cosas: accesos a salas de viajero frecuente en cientos de aeropuertos alrededor del mundo, ventajas en grandes cadenas de hoteles, créditos con aerolíneas, acceso preferencial a eventos, y decenas de beneficios que el titular de la cuenta podía disfrutar una vez los reclamaba.

Deseo hacer énfasis en esta última afirmación: Todos estos beneficios ya estaban disponibles para él como titular de la cuenta, pero debía registrarse en algunos casos, llamar para activarlos o, como en el caso de la sala de viajeros frecuentes, tan solo presentar la tarjeta a la entrada.

Comparto esta anécdota porque refleja la realidad de muchos creyentes que no han dimensionado o no conocen lo que significó la obra de Jesús en la cruz, que les reconcilió con el Padre y les dio el estatus de hijos de Dios. En la historia que compartí, el valor de los beneficios no reclamados podía ser de varios miles y en algunos casos decenas de miles de dólares cada año. Reitero que al tener la tarjeta los beneficios eran garantizados, pero por desconocimiento no se disfrutaba de ellos. Lo mismo sucede cuando un hijo de Dios no conoce lo que posee al haber sido adoptado por el Padre Celestial.

> Alabado sea Dios, Padre de nuestro Señor Jesucristo, que nos ha bendecido en las regiones celestiales con toda bendición espiritual en Cristo. Dios nos escogió en Él antes de la creación del mundo, para que seamos santos y sin mancha delante de Él. En amor nos predestinó para ser adoptados como hijos suyos por medio de Jesucristo, según el buen propósito de su voluntad.
>
> Efesios 1:3-5

En el versículo anterior quiero resaltar que el Padre nos bendijo con **toda** bendición espiritual en Cristo. También leemos que el Padre nos adoptó como sus hijos y este es todo el concepto, o más que concepto, la revelación que hemos estado enseñando, el comprender que Dios es nuestro papá y entender que somos hijos adoptados y amados por Él.

¿Cuándo empezó el amor de Dios por ti? ¡En la eternidad! Uno de los versos que más me gusta y lo cito mucho es:

> Con amor eterno te he amado; por tanto, te prolongué mi misericordia.
>
> Jeremías 31:3b RVR1960

El Padre te lo dice cada día y debes sentirte inmensamente feliz. Hemos estado hablando de lo que significa ser un hijo de Dios y de lo que significa la herencia; aquella que se manifestará completamente en el momento en que seamos llevados delante del Señor y estemos con Él por la eternidad. He explicado que esa herencia tiene dos componentes; el que experimentaremos en el futuro y aquel que podemos disfrutar desde ahora, desde el día en que recibimos a Jesucristo como Señor y Salvador.

¿Cómo se manifiesta esa herencia aquí en la tierra? Mi propósito en las siguientes líneas es compartirte, al menos, diez beneficios que tenemos al ser hijos de Dios, aunque podría escribir más de cincuenta.

Hoy tu vida puede tomar un nuevo rumbo, una nueva perspectiva desde la Paternidad de Dios. Conocerás cosas que son normales para los hijos del Padre Celestial, que tal vez no estás disfrutando. Te invito a abrir tu corazón y pedirle al Espíritu Santo que te dé la certeza sobre las enseñanzas que vas a recibir. También debes hablarle al enemigo, al mentiroso desde el principio, porque durante muchos años te ha engañado al respecto y el problema es que le has creído. Así que, le pido al Espíritu Santo que, por medio de la autoridad de la Palabra de Dios y a través de la Sangre de Jesucristo, en este día se caigan las vendas y velos que han estado cubriendo los ojos y oídos de cada persona que está leyendo este libro. Pido al Señor que podamos abrazar de manera más profunda la Paternidad de Dios.

Así que, empecemos con los beneficios. El primero es hermoso.

BENEFICIO 1

El Espíritu Santo

> En Él también ustedes, cuando oyeron el mensaje de la verdad, el evangelio que les trajo la salvación, y lo creyeron, fueron marcados con el sello que es el Espíritu Santo prometido. Este garantiza nuestra herencia hasta que llegue la redención final del pueblo adquirido por Dios, para alabanza de su gloria.
>
> Efesios 1:13-14

Es relevante destacar que, como dice la Biblia, hay que oír y creer la Palabra de Dios.

Vamos a ir al lenguaje original para tratar de entender qué significa que fuimos sellados por el Espíritu Santo.

En el griego, la palabra que se traduce como sello es *sfraguis* y tiene varios significados. Es importante que entendamos que tanto el hebreo como el griego son idiomas muy pintorescos, pues tienen cantidades de expresiones y, en muchos casos, es difícil la traducción literal al español, ya que, no hay una palabra que contenga toda la connotación del original. Voy a mencionar qué significa aquello que los traductores de la Biblia interpretaron como sello.

Lo primero que significa es: marca para preservación. La Biblia dice que, en el instante en el que creímos el Evangelio (lo escuchamos y lo aceptamos), fuimos marcados para ser preservados. Lo reitero: fuiste sellado con una marca de preservación en el instante en el que recibiste a Jesucristo como tu Señor y Salvador. Adicional a ello, otra de las traducciones de esta palabra es: un sello de seguridad, un sello para guardar algo de valor. Otra traducción muy relevante es marca de propiedad.

Entonces, ¿qué significa el sello del Espíritu Santo? Utilizando estas tres traducciones entendemos que:

- fuimos marcados para ser preservados hasta el día en el que estemos en la Presencia de Dios.
- fuimos sellados con seguridad, es decir, protegidos, cubiertos y defendidos contra todo ataque del enemigo. Esto es lo que, en teoría, tú y yo deberíamos vivir, porque es una promesa que el Padre Celestial nos da en el instante en el que recibimos a su Hijo.

También dice que en el momento en que recibimos a Jesús como Señor y Salvador, el Espíritu Santo es:

- una marca de propiedad que el Padre pone sobre nosotros. ¿Alguna vez has visto al ganado cuando le ponen una marca con fuego para señalar a quién pertenece? El dueño quiere mostrar que «eso es de él y que nadie lo puede tocar». El Padre Celestial, en el instante en que tú recibes a Jesús como Señor y Salvador, dice: «Ya no eres una criatura más, ahora eres mi hijo, no se metan con él o ella, tiene un sello de preservación, tiene un sello de seguridad».

La palabra sello también significa una certificación de autenticidad. Este concepto es muy importante, pues es algo que quita cualquier tipo de duda, es decir, que el Espíritu Santo, su manifestación y su vida en nosotros es lo que nos permite conocer que somos hijos de Dios. No sé si recuerdas los versículos que leímos en la Biblia, en los que el Espíritu Santo le certifica y le aclara a nuestro espíritu que somos hijos de Dios. Por último, otra de las traducciones de la palabra sello es: testimonio de que alguien es quien dice ser.

El Espíritu Santo viene a morar dentro de ti y te hace saber, te da la certeza y la seguridad de que eres un hijo de Dios.

BENEFICIO 2

Guía del Espíritu

Toda persona que ha recibido a Jesucristo como Señor y Salvador tiene un beneficio muy grande, dice la Biblia:

> Porque todos los que son guiados por el Espíritu de Dios son hijos de Dios.
>
> Romanos 8:14

No sé si has tenido la oportunidad, sobre todo en el pasado, de comprar un vehículo nuevo. Cuando se entraba al concesionario te ofrecían un modelo básico y se generaba un proceso que iba subiendo de categoría hasta llegar al modelo que tenía todos los accesorios o características que a muchos nos gustan. Estos ejemplares tenían unas llantas más grandes, asientos en piel y mejor tecnología; pero uno de los más atractivos era el carro que tenía un sistema de navegación, también conocido como GPS.

¿Qué sucedía con este modelo? Tenía un costo adicional de varios miles de dólares ¿Por qué razón? Porque ofrecía un beneficio especial: la capacidad de no perderte y ubicarte con precisión en el camino.

Debido a mi llamado en Dios, necesito viajar con frecuencia, y es una fortuna que hoy en día cualquier teléfono inteligente tenga este sistema integrado. Esto hace que las personas puedan movilizarse con facilidad en cualquier ciudad con un bajo costo, sin embargo, en el pasado no era así. Recuerdo muchos viajes en los que tuve que ubicarme con mapa en mano para no perderme. El punto es que, al igual que cada teléfono inteligente tiene un GPS incorporado, todo hijo de Dios cuenta con el beneficio de poder ser guiado por el Espíritu Santo.

Quiero decirte que cuando recibes a Jesucristo como tu Señor y Salvador, hay un «GPS espiritual» que nace dentro de ti, es el Espíritu de Dios quien te guía, quien te dice: «Oye, por ese camino no es, con esa persona no te involucres». Tal vez en aquel instante, cuando estás en tu cama y no puedes conciliar el sueño (porque ahora pasa tanto con las mujeres como con los hombres), el Espíritu Santo te dice: «¿Sabes algo?, no deberías abrir esa página, tú sabes en dónde va a terminar esto»; también puede decirte: «¡Cuidado! No deberías aceptar esa solicitud de amistad en las redes sociales, ya sabes lo que puede suceder»; o tal vez: «¡Escucha! Estás casado y no deberías tener ese tipo de conversaciones». El Espíritu de Dios nos habla, nos enseña lo que es correcto y lo que no lo es.

Hablaba hace un tiempo con alguien y llegábamos a la conclusión de que, si hay algún tipo de inquietud, es mejor decir: «Hasta aquí llego, no continúo».

Porque si no hay paz en tu corazón, créeme, no es el diablo el que te está advirtiendo.

El enemigo, por el contrario, ¿qué te dice? «Continúa, no seas tonto, si todo el mundo lo hace», o una de las frases preferidas del diablo que muchos se dicen a sí mismos es: «Eso es normal».

Si has recibido a Jesús como tu Señor y Salvador, hay una promesa, una garantía, y es que el Espíritu Santo viene a morar dentro de ti y te va a hablar; que tú lo escuches es una cosa diferente, pero Él te va a hablar. Es como lo que decimos a las personas en los talleres de finanzas: «El presupuesto te va a decir lo que no puedes comprar, pero no va a impedir que lo compres».

BENEFICIO 3

El mismo Espíritu Santo hará algo dentro de ti

Él te permitirá experimentar y recordar continuamente que eres profundamente amado por Dios.

Para la gran mayoría, es difícil aceptar que el Padre los ama incondicionalmente. ¿Cuántos nos hemos sentido amados por lo que hacemos, más no por quién somos? Con frecuencia sentimos que el amor, aunque venga de alguien especial y cercano, depende de condiciones. En muchos casos, nosotros de una manera torpe y lo digo de esta forma, le hemos dicho o hecho entender a nuestros hijos cosas incorrectas, similares a lo siguiente: «Debes hacer tal cosa para demostrar que me amas». Entonces, queda establecido de inmediato en la mente del niño que debe hacer cosas para mostrar amor, para sentirse amado y no rechazado, para no sentirse abandonado; pero ¡Dios no es así! Él te ama sin condiciones, te ama incluso cuando fallas.

Muchas veces le he dicho a la gente que pastoreo, que predicar bien de la Paternidad de Dios y de su Gracia va a causar que los cristianos inmaduros pequen más. ¿Por qué? Porque un cristiano inmaduro piensa: *Ah, pero si esto es así de bueno, si el Señor me sigue amando aunque me emborrache, aunque me acuesto con alguien, aunque engañe o evada impuestos, entonces, qué de malo tiene seguir haciéndolo*. Eso lo hace un cristiano inmaduro porque no tiene la capacidad para oír correctamente al Espíritu Santo, quien siempre nos dirige al camino que agrada al Padre.

El Espíritu Santo conoce la verdad y te ama, pero la mente humana, tal vez dirá: «Hagamos lo que dice el corazón»; esto no es conforme a la Palabra de Dios, pues la Biblia se refiere al corazón como engañoso y perverso. Uno de los problemas más grandes que estamos teniendo en esta sociedad es que está dominada por los sentimientos y muchos dicen: «Si lo sientes, hazlo, si tú crees que es correcto, hazlo». ¡No! **Si es correcto en la Biblia, hazlo, solo si el Espíritu de Dios dice que es correcto**, pero no por lo que sientes.

> El corazón humano es lo más engañoso que hay, y extremadamente perverso. ¿Quién sabe en realidad qué tan malo es? Pero yo, el Señor, investigo todos los corazones y examino las intenciones secretas. A todos les doy la debida recompensa, según lo merecen sus acciones.
>
> Jeremías 17:9-10, NTV

Los sentimientos son engañosos y quiero compartir un principio que me enseñó el profeta Kevin Leal: «Tu mente justificará lo que tu corazón ha decidido». Entonces, si ya decidiste acostarte con alguien, robar, consumir pornografía o en alguna otra cosa inmoral, tu corazón, tu alma lo decidió y en tu mente empezarás a generar todo tipo de justificaciones para terminar de convencerte y silenciar la voz del Espíritu Santo. A tu mente vendrán pensamientos como «la gracia de Dios cubre multitud de faltas», «es difícil decir no», «esto es normal, todo el mundo lo hace».

Necesitamos ser guiados por el Espíritu de Dios.

> ¡Fíjense qué gran amor nos ha dado el Padre, que se nos llame hijos de Dios! ¡Y lo somos! El mundo no nos conoce, precisamente porque no lo conoció a Él.
>
> 1 Juan 3:1

Predicar y escribir sobre la paternidad de Dios no es sencillo ya que, muchos pueden tener la tendencia a abusar de esta revelación; sin embargo, es vital conocer el gran amor que Dios tiene hacia sus hijos, es decir, por aquellos que se han arrepentido de sus pecados y han abandonado su vieja manera de vivir.

En relación con este tema, uno de los mejores libros que he leído se llama *El despertar de la gracia* y el autor afirma lo siguiente: «Si predicas bien la gracia, la gente inmadura e irresponsable va a salir a pecar». ¿Qué ha hecho la Iglesia en muchos casos? Ha pensado: *Mejor no prediquemos de la gracia, así podemos controlar el comportamiento de la gente*. ¡No!, no podemos controlar corazones, el Espíritu de Dios es el que convence de pecado y cada creyente debe producir frutos dignos del arrepentimiento.

En la vida de un hijo de Dios, el pecado no reina, podrá ser tentado y sucumbir ocasionalmente, pero cada día tratará de honrar a Dios, sus preceptos y santidad.

BENEFICIO 4

TODO HIJO DE DIOS PUEDE COMUNICARSE CON ÉL

> Jesús dijo: Mis ovejas oyen mi voz; yo las conozco y ellas me siguen. Yo les doy vida eterna, y nunca perecerán, ni nadie podrá arrebatármelas de la mano. Mi Padre, que me las ha dado, es más grande que todos; y de la mano del Padre nadie las puede arrebatar.
>
> Juan 10:27-29

Hay gente que dice: «Pastor, ore por mí que Dios no me escucha, ore por mí porque usted escucha más al Señor», «¿Qué tengo que hacer?, a usted Él sí le habla». Esas ideas son totalmente falsas, pues Jesús dijo: «Mis ovejas oyen mi voz»; Jesús no dijo: «Los pastores o los ministros oyen mi voz» o «Los apóstoles o los que están en el ministerio oyen mi voz». Él dijo: «Mis ovejas oyen mi voz». Así que, en el momento en el que recibes a Jesús como tu Señor y Salvador, se te entrega la capacidad de escuchar su Voz.

Quiero ilustrarlo de otra manera: piensa en los teléfonos celulares. Cuando Apple realizó el lanzamiento del iPhone, en Estados Unidos solo había una empresa con la que se podía utilizar dicho móvil. Al finalizar el contrato de exclusividad, los teléfonos fueron «desbloqueados» para ser usados con cualquier compañía. Hoy, cuando compras uno, debes verificar si es posible su uso con otra compañía o en otro país. Así mismo, de forma figurativa, en el instante en que tú recibes a Jesús como Señor y Salvador, eres «desbloqueado» por el Espíritu Santo y puedes tener comunicación con tu Padre Celestial. Tienes acceso a una zona espiritual donde la comunicación con Dios es ilimitada.

Todo esto sucede en el instante en el que recibes a Jesús; en ese momento se te otorga la capacidad de oír a Dios. Alguien tiene que clamar ahora: «Padre, abre mis oídos espirituales», porque es posible que tengas «cera espiritual» que no te permite escuchar al Señor, producto de mentiras que has oído y creído en el pasado. Por esta razón, tal vez, no puedas escuchar la voz del Padre que te dice: «Te amo, a pesar de todo». Quizá, en ti, algo te habla y te hace sentir mal y pensar: *No, yo estoy muy sucio, yo he hecho muchas cosas incorrectas*. Puedes tener razón en esto, pero ahora ya eres hijo y también oveja, y la Palabra de Dios dice: «Mis ovejas oyen mi voz y me siguen». (Juan 10:27)

BENEFICIO 5

La capacidad de tener intimidad con Dios Padre

Es cierto, a muchos de nosotros nos ha costado tener intimidad con Dios, especialmente si no tuvimos una relación cercana o conversaciones profundas con nuestro padre terrenal; créeme, eso te marca mucho. Sin embargo, la Biblia nos dice:

> Ustedes ya son hijos. Dios ha enviado a nuestros corazones el Espíritu de su Hijo, que clama: «¡Abba! ¡Padre!».
>
> Gálatas 4:6

La expresión ¡Abba, Padre! o ¡Abba!, está en hebreo y significa ¡Papito! Eso tiene una connotación de intimidad.

> Así que acerquémonos confiadamente al trono de la gracia para recibir misericordia y hallar la gracia que nos ayude en el momento que más la necesitemos.
>
> Hebreos 4:16

Quiero contarte lo siguiente: Una noche estaba en casa, mi esposa había ido a un cumpleaños. Entonces, para desconectarme un poco y descansar la mente, puse una película. De repente, escuché unos pasos y era mi hija, que no pensaba que yo ya había notado que ella estaba ahí. Se acercó poco a poco, y de pronto se lanzó sobre mí y empezó a hacerme cosquillas. Mi hija tiene la libertad de acercarse con confianza a la cama de su papá y tirarse encima de mí a hacerme cosquillas. Ella tiene esa libertad porque es mi hija, a diferencia por ejemplo, de mi suegra, si ella se queda en casa, naturalmente debe tocar la puerta o preguntar antes de entrar a mi habitación.

¿Será que tú te comportas con Papá como un visitante o como un hijo? ¿Le dices cosas como: «Señor, ¿será que puedo orar?, ¿me vas a escuchar?, ¿después de todo lo que he hecho podré acercarme a ti?». Mi hija no duda. Ella brinca sobre mí e incluso si estoy dormido. Sabe que tiene acceso al cuarto de su papá; Dios nos dice por medio de su Palabra que gracias a Jesús tenemos acceso al Padre y nos invita diciendo:

> Acerquémonos, pues, confiadamente al trono de la gracia, para alcanzar misericordia y hallar gracia para el oportuno socorro.
>
> Hebreos 4:16 RVR1960

Tienes libertad para entrar al corazón del Padre Celestial y estar cerca de Él, sin ningún tipo de impedimento ni dualidad. Acércate confiadamente al trono de la gracia de tu Padre.

Vamos con el siguiente punto que es muy trascendente, pero, a la vez, es el que los cristianos inmaduros pueden aprovechar para pecar.

BENEFICIO 6

Seguridad de Salvación

Jesús dijo en su Palabra, hablando de ti y de mí, hablando de sus ovejas:

> Yo les doy vida eterna, y nunca perecerán, ni nadie podrá arrebatármelas de la mano.
>
> Juan 10:28

¿Qué más le puedo agregar a este versículo?

Jesús nos hace entender que una vez que somos sus ovejas, somos hijos del Padre y nadie nos puede arrebatar de su mano; aunque seas una oveja saltona y tengas multitud de fallas, la mano de Dios estará contigo.

Hay doctrinas completas que hablan sobre la seguridad de la salvación; es más, las dos vertientes más grandes en la misma Iglesia protestante tienen estas posiciones; una sostiene que la salvación se puede perder, y la otra, que no. Si somos salvos para siempre o depende de las obras que hagamos. Esta ha sido una discusión desde hace siglos. Te comparto mi convicción: Una vez que eres hijo, lo eres para siempre. Una vez que eres adoptado por Dios, lo continuarás siendo pese a todo.

Es por esto que es peligroso un creyente inmaduro que dice: «Ah, ya soy hijo, entonces hago lo que quiera». Uno de mis sobrinos, que en la actualidad es uno de los pastores ejecutivos en la iglesia Presencia Viva, vivió una adolescencia rebelde. Una de sus costumbres era que mientras sus papás se iban a dormir, él se iba a escondidas de su casa. Este muchacho se aprovechaba de la confianza y de los beneficios que tenía en su hogar, pues él vivía con su padre, quien lo alimentaba, le pagaba el carro, la universidad y todos los demás gastos; sin embargo, él hacía cosas a escondidas.

Una noche, el Espíritu Santo despertó a mi hermano y le dijo: «Tu hijo se fue»; con preocupación mi hermano fue a orar y lo esperó en la puerta de la casa, pero no lo esperó con las manos vacías, sino con sus maletas. Cuando mi sobrino llegó le dijo la famosa frase: «Mientras usted viva bajo este techo, hace lo que yo diga, si no, se va», mi sobrino le contestó: «Bueno, me voy»; entonces su papá le dijo: «Sí, pero me deja las llaves del carro, va a seguir siendo mi hijo, pero va a perder los beneficios».

De la misma forma, no pienses que puedes vivir fuera de la voluntad de Dios sin consecuencias. En ningún momento mi hermano le dijo: «A partir de hoy dejas de ser mi hijo», pero sí le dijo: «Yo como papá te di beneficios; te di una casa, alimento, un carro, un teléfono. Esas cosas, ahora mismo, no tienes la capacidad de administrarlas, así que, me las das, no dejas de ser mi hijo y no te vas a morir de hambre». Gracias al Señor su hijo tomó una buena decisión, pidió perdón y empezó a caminar con un hombre de Dios que lo comenzó a encaminar, formar y discipular para ser lo que hoy es.

No creas que no van a haber consecuencias por la forma en que vives. Recuerda lo que la Palabra de Dios dice: «Dios no puede ser burlado». No hay consecuencias respecto a tu destino eterno, pero sí las hay respecto a lo que tú vives y a los espíritus inmundos que dejas entrar a tu vida y a tu familia. La otra noche, escuchaba una prédica del profeta Kevin Leal sobre la violencia que afecta a la comunidad afroamericana en los Estados Unidos.

Él decía: «Esto no es solo violencia. Hay ciudades donde nacen menos bebés negros de los que se abortan. ¿Qué sucede? ¿Por qué tantos adolescentes afroamericanos mueren a los trece o catorce años? Porque en muchos casos, un espíritu de asesinato fue permitido en el momento del aborto. Ese espíritu sigue operando hasta que se manifiesta. Tal vez no abortaron al niño, pero años después, ese espíritu lo destruye de otra manera».

Necesitas tener conciencia de lo que tú haces y entender que tus decisiones van a afectar tus generaciones. Quizá, no lo ves en dos, tres, cuatro o cinco semanas, pero ¿qué autoridad moral tendrás para hablarle después a tus hijos o nietos acerca de que no hagan ciertas cosas, si tú voluntariamente abriste esas puertas antes?

BENEFICIO 7

Intercesión ante el Padre

> Mis queridos hijos, les escribo estas cosas para que no pequen. Pero, si alguno peca, tenemos ante el Padre a un intercesor, a Jesucristo, el Justo.
>
> 1 Juan 2:1

Quiero tratar de explicarte esto. La Biblia es clara cuando dice:

> Piden y no reciben; porque piden mal, para gastarlo en sus placeres.
>
> Santiago 4:3 RVA-2015

Podemos decir que se pide mal, no se sabe lo que se está pidiendo o no se sabe orar.

Imagínate que en determinado momento estás orando algo que no es correcto y Jesús está al lado del Padre diciendo: «Padre, perdónalo, lo que pasa es que él o ella no está muy claro en sus pensamientos y lo que está orando realmente no es lo que quiere decir. Lo que ella en realidad quiere decir es lo siguiente»... Tenemos un intercesor.

¡Qué linda la Palabra de Dios que dice que Él no duerme!

¡Que Jesús está todo el tiempo intercediendo y rogando por ti!

La gente a veces me dice: «Pastor, cuando se acuerde de mí, ore por esto y aquello»; yo les digo: «¿Sabes qué?, oremos ahora mismo porque después no me voy a acordar». Si tuviéramos entendimiento sabríamos que Jesús es nuestro Señor y Salvador que está intercediendo delante del Padre por nosotros todo el tiempo. ¡Esto es impresionante!

BENEFICIO 8

Provisión, comida y vestido

> Así que no se preocupen diciendo: «¿Qué comeremos?», o «¿Qué beberemos?», o «¿Con qué nos vestiremos?» Los paganos andan tras todas estas cosas, pero el Padre celestial sabe que ustedes las necesitan.
>
> Mateo 6:31-32

Al referirse a los paganos, la Biblia se refiere a los que no son hijos de Dios.

Debes entender que el asunto ahora no es decir: «Me voy de la casa, dejo de trabajar y digo: «Padre, tú sabes lo que necesito, envíamelo».

El apóstol lo dice: «El que no quiera trabajar, que tampoco coma» (2 Tesalonicenses 3:10)

Debes actuar conforme a los dones que te han sido dados y al propósito de Dios para ti en esta tierra. Acércate al Señor con la certeza de que Él te escucha.

¿Estás orando como un siervo que no sabe que es heredero, o como un hijo que confía en su Padre? Puedes orar: «Padre, tú sabes que tengo necesidades, puedes darme, por favor, mayor iniciativa, un invento, la capacidad de ser el mejor empleado de la organización para que me promuevan». ¿Estás orando como un hijo?

Jesús no tuvo ningún problema en decirle al Padre:

> Y ahora, Padre, glorifícame en tu presencia con la gloria que tuve contigo antes de que el mundo existiera.
>
> Juan 17:5

Un hijo se puede parar delante del Padre y decirle: «Señor, bendíceme, necesito alcanzar los rincones de la tierra, dame tu bendición, requiero tu provisión, tu favor y tu gracia». Todo esto no es para hacernos famosos, sino para dar gloria a su Nombre.

Cuando no entiendes que eres hijo, no te sientes merecedor de hacer ese tipo de oraciones, pero debes entender que **Dios es tu Padre**. Hasta la última vez que leí la Biblia sigue diciendo:

> Del Señor es la tierra y todo cuanto hay en ella, el mundo y cuantos lo habitan; porque Él la afirmó sobre los mares, la estableció sobre los ríos.
>
> Salmos 24:1-2

Del Señor (de mi Papá) son los cielos, la tierra y todo lo que hay en ella.

La Biblia nos enseña que Dios es dueño de todo:

> Mía es la plata, y mío es el oro —afirma el Señor Todopoderoso.
>
> Hageo 2:8

> Si yo tuviera hambre, no te lo diría, pues mío es el mundo, y todo lo que contiene.
>
> Salmos 50:12

Él es nuestro Padre y tienes acceso a Él.

BENEFICIO 9

VIDA FÍSICA Y EMOCIONAL ESTABLE

Jesús dijo:

> El ladrón no viene más que a robar, matar y destruir; yo he venido para que tengan vida, y la tengan en abundancia.
>
> Juan 10:10

Todo hijo de Dios, como beneficio, recibe una vida física y emocional estable.

No estás diseñado ni destinado para vivir en depresión ni en ansiedad, no estás destinado a vivir en el rechazo ni en el resentimiento. Puedes pasar por situaciones y circunstancias difíciles, pero no habites en ellas. Puedes tener quebrantos de salud, pero no abraces ni llames a esa enfermedad como tuya. Eso es del diablo y en la cruz del calvario Jesús pagó por todo. Algunos dicen, «mi artritis, mi cáncer», pero ¡eso no es tuyo! **¡Jesús ya pagó el precio por tu sanidad y tu libertad!**

Podemos tener momentos difíciles porque el cuerpo recibirá la salvación en el tiempo por venir, y mientras estemos en la tierra hay que cuidar de él, así como de todo nuestro ser.

BENEFICIO 10

Buenas cosas

> Pues si ustedes, aun siendo malos, saben dar cosas buenas a sus hijos, ¡cuánto más su Padre que está en el cielo dará cosas buenas a los que le pidan!
>
> Mateo 7:11

Necesito aclararlo, Dios no es un Santa Claus ni un Papá Noel, como lo llaman en América Latina, ese es un personaje ficticio. No existe tal cosa como que hagas una carta de deseos para que el Padre Celestial salga corriendo a satisfacerlos; sin embargo, un hijo del Padre puede hacer una lista de peticiones, tenerla en la Biblia y orar por ella todos los días. Te sorprenderá lo que sucede al final del año. Aquellas cosas por las cuales pediste, que están de acuerdo con el corazón del Padre Celestial, las va a conceder y en algunos casos, aún más abundantemente de lo que tú puedes pedir o esperar.

> Y a Aquel que es poderoso para hacer todas las cosas mucho más abundantemente de lo que pedimos o entendemos, según el poder que actúa en nosotros, a Él sea gloria en la iglesia, en Cristo Jesús, por todas las edades, por los siglos de los siglos. Amén.
>
> Efesios 3:20-21 RVR1960

El problema es que muchas veces vamos delante del Padre y le pedimos una casa, un carro nuevo o cualquier otra cosa, pero Dios sabe que no es el tiempo correcto. Él no tiene problema alguno en darte un gran auto o una casa muy grande, la pregunta es, si es el tiempo correcto. Muchas veces los hijos de Dios se endeudan porque no poseen la capacidad de esperar que el Padre les dé las bendiciones en el tiempo correcto.

A este respecto, Jesús nos dice:

> Pues si ustedes, aun siendo malos, saben dar cosas buenas a sus hijos, ¡cuánto más su Padre que está en el cielo dará cosas buenas a los que le pidan!
>
> Mateo 7:11

Puedes pedirle a Dios lo que necesites en oración con acción de gracias. En la medida en que tengas mayor intimidad con el Espíritu Santo, puedes reflexionar: «Estoy pidiendo mal, esto no es adecuado ni correcto, no es lo que yo necesito en un instante como este», o puedes escuchar a Dios en su Amor que te dice: «Hijo, estás pidiendo muy poco comparado con lo que tengo para ti».

> No se inquieten por nada; más bien, en toda ocasión, con oración y ruego, presenten sus peticiones a Dios y denle gracias. Y la paz de Dios, que sobrepasa todo

entendimiento, cuidará sus corazones y sus pensamientos en Cristo Jesús.

Filipenses 4:6-7

Cuando me presentaron el edificio nuevo para nuestra congregación, mi fe me alcanzaba para uno de trece mil pies, pues yo decía: «Pasamos de un edificio de ocho mil pies a uno de trece mil». Cuando me presentaron uno de veintiocho mil pies, yo dije: «No, eso es mucho, es muy grande», pero el Padre Celestial me dijo: «Este es el que yo quiero para esta casa».

Otro ejemplo de no saber lo que uno pide a Dios, es cuando yo oraba por una esposa que tuviera un montón de características que había imaginado en mi mente; sin embargo, el Padre sabía cuál era la mujer que yo necesitaba. Por eso, quiero invitarte a que entres a un nivel diferente en tu relación con el Padre Celestial. Él te dice hoy: «Te amo, te he dado al Espíritu Santo para que esté contigo dondequiera que vayas, para que no te sientas solo ni abandonado, sino que, por el contrario, puedas caminar de mi mano».

A través de estas líneas, el Espíritu Santo nos permite reconocer que somos hijos de Dios y nos recuerda que hay bendiciones que deben ser naturales para nosotros: una salud excelente, emociones sanas, una familia bendecida, vivir en abundancia, libertad de toda esclavitud como el alcohol, las deudas de tarjetas de crédito, las drogas o a cualquier otro vicio. Deseo que tu única dependencia sea la presencia del Padre. **Recuerda siempre que tienes la capacidad de escuchar a Dios, a través de tu gran amigo, el Espíritu Santo.**

Es común que, como seres humanos, pasemos por circunstancias difíciles; quizá, en este tiempo estés atravesando alguna de ellas. Tan solo recuerda que es una temporada, y pronto pasará, pues como dice la Biblia, es una leve tribulación momentánea. La historia de los hijos de Dios es maravillosa, recuerda que el Padre es nuestro destino eterno.

> Porque esta leve tribulación momentánea produce en nosotros un cada vez más excelente y eterno peso de gloria; no mirando nosotros las cosas que se ven, sino las que no se ven; pues las cosas que se ven son temporales, pero las que no se ven son eternas.
>
> 2 Corintios 4:17-18 RVR1960

Capítulo 8

UNA DECISIÓN

En este capítulo quiero darte una herramienta que aprendí en el inicio de mi relación con mi Padre Celestial.

Aclaro que no importa cuánto tiempo hayas estado involucrado en la iglesia o en actividades cristianas, eso no te garantiza que conozcas al Padre. Lo digo porque he comentado que a mí me tomó veintinueve años conocerlo, a pesar de haber estado en la iglesia. Yo conocía la teoría, la salvación por gracia, la doctrina de la cruz y la resurrección, tantas y tantas cosas, pero a mi Padre Celestial no lo conocía. Por esa razón quiero compartir contigo esta herramienta que en realidad es una decisión.

Antes de compartirla, hay dos puntos muy sencillos que me gustaría mencionar, para después invitarte a tomar esta decisión.

El primero tiene que ver con el diseño original de Dios para el ser humano. Lo explico de esta manera: una imagen saludable del Padre Celestial es construida y modelada por la relación que un niño tiene con un papá y una mamá.

> Dios dijo: «Hagamos al ser humano a nuestra imagen y semejanza. Que tenga dominio sobre los peces del mar, y sobre las aves del cielo; sobre los animales domésticos,

sobre los animales salvajes, y sobre todos los reptiles que se arrastran por el suelo». Y Dios creó al ser humano a su imagen; lo creó a imagen de Dios. Hombre y mujer los creó.

Génesis 1:26-27

¿Qué quería hacer Dios? Deseaba originar un ser humano que reflejara su imagen y semejanza. El Padre deseaba tener, por llamarlo de alguna manera, una reproducción «perfecta», una imagen saludable de quien Él era.

¿Qué creó Dios para que su imagen estuviera completa? Un hombre y una mujer.

Muchas personas crecieron con papá y mamá en casa, pero la pregunta es si la imagen que tienen de Dios es saludable o no. Seguramente la mayoría, por no decir todos, dirían que no. Por esta razón, el tema de la salud emocional es tan importante.

La imagen del Padre Celestial que tienes el día de hoy, la conclusión a la que llegaste acerca de quién es Él, tiene un fundamento y está construida principalmente por la relación que tuviste con tu papá terrenal, pero también con tu mamá. La pregunta que podemos plantear es ¿qué tan saludable eran tu papá y tu mamá en el área emocional?

La situación se torna aún más difícil para las personas que tuvieron ese reto solo con uno de los padres o peor, sin ninguno de ellos.

En esos casos, alguien se encargó de establecer una definición, creó una imagen de Dios en tu vida; tal vez, tus abuelos o tus tíos, pero ¿qué tan saludables estaban ellos emocionalmente? Además de esto, surge una nueva pregunta, si tenemos hijos hoy, ¿qué tan saludables estamos nosotros emocionalmente para formarlos? Porque lo que sembremos en ellos será el fundamento del concepto que tengan sobre la Paternidad de Dios.

Es muy importante que entendamos los diseños del Padre Celestial, porque si con un papá y una mamá que no están saludables en sus emociones ya tenemos distorsión de la imagen de Dios, imaginemos lo que pasa con las definiciones culturales de la familia y el matrimonio.

¿Dónde quedará la imagen del Padre Celestial? ¿Qué tan distorsionada estará? Estoy seguro de que su imagen será muy diferente a quien Él es en realidad.

Por todo lo anterior, necesitamos tener posiciones bíblicas frente a la vida. Debemos preguntarnos, ¿qué dice la Biblia sobre el matrimonio? Dios creó a un hombre y a una mujer. No tengo que explicar nada más.

Las elecciones personales, las prácticas y estilos de vida de las personas pueden variar, pero debe ser claro que no se puede establecer o cambiar el diseño original de Dios por opiniones o deseos humanos. El diseño del Padre permanece, sigue siendo el mismo y sigue teniendo la misma vigencia.

El segundo punto que quiero compartirte aquí, es que hay aspectos del carácter de Dios que son mostrados fácil y naturalmente por el varón; así mismo, hay otros que son mostrados fácil y naturalmente por la mujer.

Voy a tratar de explicarlo de la mejor manera posible; debemos entender que al tomar la determinación de crear al ser humano a su imagen y semejanza, el Señor hizo a un hombre y a una mujer. Él no solo originó a un varón y a una mujer, creó a una pareja y es en ese complemento perfecto que mostramos a los niños la imagen de Dios.

ASPECTOS QUE MOSTRAMOS DEL PADRE A NUESTROS HIJOS

El amor: Papá y mamá muestran el amor de maneras diferentes. En muchos casos, el hombre muestra el amor por medio de la seguridad que genera, la provisión, el cuidado y la protección. Las madres nos aman con caricias, compañía, ternura y enseñanza.

La protección: No puedo ir a ningún otro lugar, sino a mi vida. En el instante en que mi hija siente algún tipo de peligro o riesgo, de inmediato voltea su rostro hacia mí, antes que a su mamá. De alguna manera, tiene «instalado» una especie de chip en su cerebro que le dice: «Papi te va a proteger».

La mamá también protege, pero vuelvo a hacer énfasis en que es más fácil y natural para el hombre. El varón tiene ese instinto de protección, por lo menos aquel que esté saludable. ¡Uno que esté sano en sus emociones! Estoy claro también en que las madres que aman a sus hijos los cuidan y son como esas mamás osa que atacan al ver a sus crías en peligro.

La provisión: Tradicionalmente, los hombres hemos tomado la responsabilidad de la provisión en la familia y en la sociedad, sin embargo, las necesidades económicas actuales han forjado algunos cambios. Aun así, cuando pensamos en provisión a nivel general, pensamos en papá.

La identidad: Desde el mismo momento de la concepción, el varón determina el sexo del bebé. Hay un vínculo muy claro entre la ausencia del padre y las crisis de identidad en los niños.

La confianza: En la voz de papá, en la voz del varón hay algo especial; algo que está ausente en la voz de la mujer.

Recuerdo un día en que mi esposa le preguntó a mi hija: «¿Por qué razón te tengo que decir las cosas tres, cuatro o cinco veces y tu papá solo te las dice una y obedeces?». ¿Los hombres, entonces, somos mejores? ¡No!, somos diferentes, pero sí hay algo que Dios puso dentro de la voz del hombre que provoca una reacción especial en los niños.

La afirmación: Las palabras de un padre marcan a los hijos de manera permanente, tanto de forma positiva como negativa. Uno de los mayores regalos que Dios les ha dado a los hombres está en su voz; recordemos el mismo Padre Celestial afirmando a su Hijo Jesús en los dos momentos más trascendentales de su vida: el inicio de su ministerio y el proceso de enfrentar su humillación y muerte.

De nuestras madres recibimos un aliento diferente, consuelo y palabras tiernas que nos dan la certeza de que todo estará bien.

La corrección: Dios corrige y disciplina. Papá y mamá también están preparados para mostrar esa área del Padre Celestial.

Me preocupa mucho la tendencia que ha permeado la Iglesia y que tiene un fundamento humanista, en el cual se enseña que a los niños no se les puede disciplinar ni establecer límites porque les «limita» su desarrollo.

Quiero decirte una vez más que la Biblia no ha cambiado. Las Escrituras nos dicen que disciplinemos a nuestros hijos, sobre todo si queremos evitarles problemas cuando crezcan. ¡Cuidado! No estoy promoviendo el abuso de autoridad, ni que los dañes a golpes, ni ningún tipo de maltrato o humillación, nada de aplastar su identidad como hijos de Dios; pero seamos claros, hay cosas que no se resuelven con decirles: «Respira profundo, cálmate, cuenta hasta diez y devuélvete». La Biblia dice que la necedad viene ligada al corazón del niño.

> La necedad está ligada en el corazón del muchacho; Mas la vara de la corrección la alejará de él.
>
> Proverbios 22:15 RVR1960

> Instruye al niño en su camino, y aun cuando fuere viejo no se apartará de él.
>
> Proverbios 22:6 RVR1960

¿Cómo puedo cambiar lo que la Palabra dice con respecto a la disciplina de Dios con sus hijos? Creo que algunos de nosotros podemos distorsionar la imagen del Padre en la vida de nuestros hijos al ser papás «alcahuetes» (espero que en toda Latinoamérica me entiendan), es decir, padres muy permisivos.

La Biblia dice:

> No se engañen: de Dios nadie se burla. Cada uno cosecha lo que siembra.
>
> Gálatas 6:7

Entonces, encontremos la importancia de lo que estamos hablando el día de hoy. Tu vida en la vida de los niños, es un modelo de cómo es Dios. Ellos aprenderán a ver al Altísimo en ti.

El cuidado: Con toda honestidad, a veces me siento mal porque mi hija se cae y se golpea, y mi esposa la levanta y le dice: «Tranquila, ya pasó». Ella le brinda amor y la cuida. En mi caso, mientras que yo no vea sangre, le digo: «¡Oye, vamos! ¡Tranquila!».

Es necesario que sepamos que Dios, en los momentos en que caemos, nos muestra este tipo de amor.

No sé si recuerdas a Jesús diciendo: «Jerusalén, Jerusalén... Cuántas veces quise arroparte como una gallina arropa a sus pollitos». (Mateo 23:37)

Ese es mi Dios, ese es mi Padre, que manifiesta ciertas facetas de su paternidad a través del amor maternal, de la ternura que hay en una mujer.

La compasión: Este es un aspecto en el que las madres por lo general aventajan a los padres. Su naturaleza es compasiva, amorosa y tierna. El simple hecho de que Dios les haya dado la oportunidad de cargar a los bebés dentro de su cuerpo, genera un vínculo irremplazable. Es como si esos pequeños fueran una extensión de ellas mismas. La compasión que una madre tiene nos permite dimensionar el amor de Dios.

La gracia: Creo que las madres demuestran la gracia de Dios de una manera maravillosa. La misericordia, la compañía y el perdón del Padre Celestial son ejemplificados de manera inigualable por una madre.

Un aspecto muy importante es que debido a la distorsión en la imagen del varón, se originan declaraciones culturales que se convierten en verdades para las naciones. ¿Cuál es una gran «verdad» en América Latina? Madre solo hay una, pero padre es cualquiera (en mi país, lo que continuaba en esa frase era muy vulgar). Esto es incorrecto.

El punto es el siguiente: aquellas áreas modeladas por nuestros padres, que fueron distorsionadas y nublan la imagen de Dios, son los conceptos equivocados que tenemos y que ahora repetimos, con los cuales dañamos la imagen del Padre en la vida de nuestros hijos. Si no sanamos estas áreas causaremos terribles perjuicios en los niños.

Existe una ley espiritual muy poderosa: la ley de la siembra y la cosecha, que en esencia se manifiesta de la siguiente manera: Te conviertes en lo que juzgas.

> Por tanto, tú, que juzgas a otros, no tienes excusa, no importa quién seas, pues al juzgar a otros te condenas a ti mismo, porque haces las mismas cosas que hacen ellos.
>
> Romanos 2:1 RVC

No sé si en algún instante te has encontrado a punto de decir algo y piensas: *¡Ay! Era lo que decía mi mamá y prometí nunca decirlo*. ¿Te ha sucedido? Porque ahí está la ley, en aquello que pensaste que nunca harías o dirías y lo terminaste haciendo o diciendo. En algunos momentos juzgaste a otros, pero esos juicios, quizá, fueron hechos en tiempos de dolor, injusticia o amargura.

Entonces son juicios que nacen de un corazón dolido y sabemos que no llevan a tomar decisiones correctas. Si en algún momento una persona vio que su padre era mujeriego o borracho y eso le causó dolor, la respuesta fue una decisión establecida desde el dolor. Cuán diferente hubiera sido la historia, si esa persona hubiera decidido no seguir ese mismo camino y esforzarse en no causar eso en la vida de sus hijos.

Lo que más encuentro es que en momentos de dolor y rabia, las personas se dicen a sí mismas que no repetirán la escena que están viviendo, pero, es lamentable que muchas terminan haciendo lo mismo.

Fui de vacaciones hace poco con mi familia y tomé varias decisiones. Una de las primeras fue que por los ocho días que estaríamos de viaje no habría redes sociales ni teléfono. ¿Sabes qué paso? ¡Nada! El mundo siguió igual, no me pasó nada.

Una de aquellas noches fuimos a un restaurante muy bello. Tenía un ambiente perfecto, romántico, con luces tenues y gente excelente atendiendo. Mi esposa estaba preciosa como siempre y qué decir de mi hija que es como una fotocopia de la mamá; las dos estaban tan hermosas. Entonces, les dije: «Vamos a hacer un juego: cada uno va a preguntarle al otro, qué cosas de las que hace no le gustan, qué cosas quisiera que cambiara». ¡Imagínate el juego! ¿Cuántos hombres nos atrevemos a preguntarle eso a nuestra esposa?

Bueno, empecé yo y le dije a mi hija: «Quiero hacerte una pregunta que es muy importante, ¿qué cosas quieres que papi cambie?» Ella me respondió: «Los pisos de la casa papi». Yo creo que nos había escuchado hablar tanto de que queríamos cambiar los pisos, que lo primero que se le ocurrió decir fue eso. En ese momento hubo una explosión de risas, pero le dije: «Hija, no te hablo de eso, te hablo de cosas que quizá, yo hago que no te gustan, que te causan daño, que quisieras que papi no fuera de esa manera». Ella me dijo: «¡Ah! Ya sé, papi. No me gusta cuando alzas la voz». Entonces, le dije: «Hija, ¿cuándo alzo la voz?» Ella me respondió: «Cuando no te obedezco papi». Continué hablándole: «¿Qué te parece si hacemos un acuerdo?». Ella me preguntó qué era un acuerdo y entonces le expliqué y le dije: «¿Qué te parece si hacemos el siguiente acuerdo?, tú le obedeces a mami a la primera vez que ella te diga, de tal manera que papi no tenga que decirlo una segunda vez o hasta que en determinado momento alce la voz y te cause daño». Ella estuvo de acuerdo.

Ha sido más sencillo desde ese tiempo porque aunque ella no cambió de inmediato, cuando sucede algo le recuerdo el acuerdo al que llegamos.

Lo que quiero plantearte en este día es ¿qué sucedería si les preguntaras eso a tus hijos? ¿Qué pasaría si le preguntaras eso a tu cónyuge? Esa noche recibí una gran sorpresa y fue que para mi fortuna, mi esposa no tenía una lista grande de las cosas que quería que cambiara en mi vida. En el pasado, quizá, hubiera escrito un cuaderno entero, pero de alguna manera hemos avanzado y seguimos creciendo.

¿Qué te parece si tomas el tiempo y la valentía para tener este tipo de conversaciones con tu familia? Te sorprendería lo que puedes escuchar, pero creo que sería muy práctico.

¿Cuál es la decisión a la que quiero invitarte? Hay una llave, una clave que inicia el proceso de sanidad y de conocimiento de la Paternidad de Dios y es bien sencilla, se llama perdón.

Quizá lo mencioné antes, pero quiero hacer énfasis en esto. El hecho de que hayas estado en la Iglesia por muchos años, no implica que conozcas al Padre Celestial. A mí me tomó mucho tiempo, me implicó conversaciones con Papá y conmigo mismo, pero sobre todo, bastante estudio y lectura de la Palabra de Dios.

Muchas personas dicen: «Yo hago esto porque así me criaron», la pregunta es si te criaron de la manera correcta, pues muchos de nosotros, o quizá, muchos de nuestros padres no tenían la Biblia como el fundamento para la toma de decisiones. Por esta razón, es factible que muchas de las cosas que hoy reproducimos en la vida de nuestros hijos no tengan un fundamento bíblico, y, por lo tanto, no muestren el carácter de Dios.

> Perdónanos nuestras deudas, como también nosotros hemos perdonado a nuestros deudores. Y no nos dejes caer en tentación, sino líbranos del maligno.
>
> Porque, si perdonan a otros sus ofensas, también los perdonará a ustedes su Padre celestial. Pero, si no perdonan a otros sus ofensas, tampoco su Padre les perdonará a ustedes las suyas.
>
> Mateo 6:12-15

El punto es el siguiente: La falta de perdón no te deja ver las áreas en tu vida en las que hay errores y, al estar ciego, no reconoces el pecado, por lo tanto, no pides ni recibes perdón. Un pecado sin confesar, ¿cómo va a recibir perdón?

¿Esto qué significa? Que si para ti algo no es un error o no está mal, porque eso fue lo que recibiste, ¿cómo llegarás en algún instante a pedir perdón?

En este libro hablé antes de un muchacho de la congregación que tenía un pecado familiar de alcohol; en otros casos, puede ser un pecado de vulgaridad, robo, infidelidad o maledicencia.

Entonces, mientras tú ignores cuáles son las fallas en cada área de tu vida, no tendrás conciencia del pecado y no pedirás perdón por eso.

No son pocas las veces que tengo que intervenir en diferencias familiares o con socios que tienen diversos puntos de vista. Han sido muchos los casos en los que tengo que decir a una de las partes: «Esta persona está ciega en esa área, no hay manera de que vea lo que sucedió». La gente me dice: «¿Pero cómo esa persona no lo ve?» Les contesto: «No lo ve, así de simple». Para ti es evidente pero para esa persona no; por esta razón debemos preguntarle a la gente que nos ama, cómo nos ve.

Recuerda este versículo tan especial:

> Clama a mí y yo te responderé, y te enseñaré cosas grandes y ocultas que tú no conoces.
>
> Jeremías 33:3 RVR1960

Muchos citan este pasaje como una promesa de revelaciones espirituales grandiosas. Yo tengo una interpretación diferente. Lo entiendo de esta manera: «Clama a mí y yo te enseñaré cosas grandes y ocultas que tú no conoces de ti mismo y de tu corazón», porque lo único que se necesita para conocer quién eres es una situación de crisis.

¿Te ha sucedido que en determinado momento has reaccionado de cierta manera y después dices: «Me desconozco»? Necesitamos ser lo suficientemente honestos y dispuestos, de manera especial con nuestros seres amados para escuchar su punto de vista.

Uno de los pecados más comunes y destructivos es la soberbia.

Se nota en las personas que constantemente terminan sus frases diciendo: «Y punto».

¿Qué significa eso? Significa: «Me importa poco o nada lo que tú pienses, yo soy el que tiene la verdad y así se hacen las cosas». Es lamentable que muchos fuimos criados de esa manera.

Es fundamental, entonces, ir a la Biblia para conocer la verdad. Recuerda que tienes influencia sobre tus hijos, tus primos y sobrinos, con todos esos niños que están viendo en ti una imagen de cómo debe ser un hombre o una mujer de Dios.

Necesitamos entender esto una vez más: **Por amor a ti mismo debes perdonar, tú eres el que se beneficia directamente con el perdón.**

No son pocas las veces que le pregunto a la gente: «¿Por qué razón Dios nos perdona?». Con frecuencia las personas me contestan: «Porque nos ama». Quiero decirte que no es por eso, Él no te perdona porque te ama.

> Yo soy el que por amor a mí mismo borra tus transgresiones y no se acuerda más de tus pecados.
>
> Isaías 43:25

Si hay algo que es hermoso en Dios y es algo que como seres humanos no podemos entender con esta mente finita, es que el Padre es Santo. En Él no hay quebrantos, faltas ni falencias.

Entonces, imagínate qué pasaría si tuviéramos un Dios que no fuera santo en la relación con cada uno de nosotros, si cometiéramos algo que le ofende, Él diría: «Mira este comportamiento, ahora debes venir y pedirme perdón; mientras tanto, yo no voy a hacer nada». Así mismo, algunos dicen: «Yo perdono, pero no olvido».

¿Sabes qué generaría esto? Que Dios empezara a albergar falta de perdón, por lo cual no se mostraría su santidad; esto pasa al guardar resentimiento, amargura, dolor y rechazo. ¡Imagínate! ¡Todos nosotros hemos rechazado al Padre! La sociedad con cada una de las cosas nuevas que propone ha rechazado al Creador.

Dios no es así, Él es Santo y tomó la decisión de perdonarnos:

> Yo soy el que por amor a mí mismo borra tus transgresiones y no se acuerda más de tus pecados.
>
> Isaías 43:25

¿Cómo somos nosotros? Acostumbramos a pensar: *Que venga y pida perdón. Aquí lo tengo que ver humillado, yo veré si lo perdono,*

¿pero qué sucede? Que mientras tanto estás amargado, y eso reflejas a tus hijos, mientras resistes la gracia de Dios.

El apóstol dice que no permitamos que brote la amargura porque impedirá la manifestación de la gracia de Dios.

> Asegúrense de que nadie deje de alcanzar la gracia de Dios; de que ninguna raíz amarga brote y cause dificultades y corrompa a muchos.
>
> Hebreos 12:15

La decisión más inteligente que podemos tomar es perdonar. ¡No tomes la venganza en tus manos!

> Queridos amigos, nunca tomen venganza. Dejen que se encargue la justa ira de Dios. Pues dicen las Escrituras: «Yo tomaré venganza; yo les pagaré lo que se merecen», dice el Señor.
>
> Romanos 12:19 NTV

Seamos claros, a muchos nos parece agradable la venganza. ¿Te imaginas a Dios actuando así con nosotros? Tú no tienes la última palabra, búscala en la Biblia, esa es la última palabra. ¿Tienes dificultades, tienes dudas? Busca las respuestas en las Escrituras.

La Palabra de Dios va a empezar a sanarte. No es una declaración más, lo vas a ver.

Mi invitación en este día es a realizar un análisis sobre aquellas áreas en las cuales no tienes una imagen correcta de Dios. La idea es que encuentres la raíz de la distorsión aprendida o asimilada, y así puedas perdonar y recibir los grandes beneficios del perdón.

Recuerda que Dios es amoroso, protector, proveedor y confiable; un Padre que perdona, que nos brinda su gracia, que afirma y da identidad, que es misericordioso, tierno, compasivo y corrige. Él es un Padre que te acompaña en toda situación.

¿Cuándo fue la última vez que la Biblia te produjo lágrimas? Recuerdas esos momentos en los que estabas con necesidad de una Palabra y Dios te dijo:

> «Yo te amo con amor eterno. Por eso te he prolongado mi misericordia».
>
> Jeremías 31:3 RVC

¿Quién no llora o se conmueve en su ser ante esta maravillosa Palabra? Alguien que no está sano emocionalmente, que no se ha permitido recibir el amor del Dios.

MI HISTORIA

Al principio de este capítulo te dije que esta era la herramienta que había aprendido en mi caminar con el Padre Celestial, te explico.

En este proceso me di cuenta de que había resentimiento e incluso rabia en mi corazón hacia mi padre terrenal. Por años me había enfocado en todo lo que había hecho falta, lo que no había hecho, lo que había hecho de forma incorrecta (a mi manera de ver) y estaba ciego a la realidad que mi padre había vivido en su vida.

Todo cambió un día, en el que decidí tener una conversación con él y preguntarle cómo había sido su infancia. Los próximos minutos empezaron a generar un cambio profundo dentro de mi ser, el resentimiento y la rabia empezaron a ser reemplazados por la compasión y el agradecimiento. Nunca había tomado el tiempo para preguntarme si mi papá «tenía» las herramientas para ser un padre emocionalmente saludable.

En esa charla, mi papá me contó su trágica historia. Un día, su papá, en un ataque de ira y violencia, había empujado a su esposa por un despeñadero y le había causado la muerte. También me contó cómo se encontró con este hombre (su papá) por primera vez. Estaba jugando en la plaza principal del parque del pueblo donde creció y una persona se acercó y le dijo: «Mire, ese hombre que va caminando allá, es su papá».

Mi papá me relató su segundo encuentro con mi abuelo que curiosamente fue en la misma plaza. En esa ocasión mi abuelo se acercó, le entregó un billete de baja denominación y le dijo: «Me voy del pueblo, acá le dejo para lo que necesite».

Esos dos momentos definieron el modelo de paternidad en la vida de mi papá.

¿Entiendes por qué mis sentimientos de rabia y resentimiento cambiaron? Ese día me di cuenta de que mi papá había tratado desde su pobreza emocional de ser el mejor padre que había podido ser. Ese día agradecí porque, a pesar de su pobreza, él me había dado lo mejor de sí mismo, su provisión, su compañía y tengo que ser honesto, al final de su vida, también muchos besos, y las palabras de admiración y afirmación que nunca me había dicho. Ese fue su patrón hasta el día en que se graduó y partió a la presencia de Dios.

En sus últimos días, él se convirtió en el niño que yo fui, le pude dar la comida, vestirlo, limpiarlo y decirles cuánto le amaba,

Dios me dio el privilegio de verlo en su debilidad, fragilidad y dependencia, como alguna vez lo estuve yo en sus brazos.

Cuando papi partió para estar con Dios no había deudas pendientes, no tuve remordimientos. En sus últimos años pude honrarlo, disfrutarlo, llevarlo de viaje, comprarle un carro nuevo, amarlo. Pudimos jugar, reír y reemplazar las memorias tristes de mi infancia con memorias nuevas, cargadas de gracia y misericordia que tanto él como yo necesitaba.

No sé si tu papá aún viva pero, si tienes oportunidad, trata de comprender de dónde vino y cuál fue su historia; estoy seguro de que vivirás algo similar a lo que viví yo.

Quiero ser muy respetuoso, no sé cómo ni quién fue tu papá, no sé cuáles fueron tus dolores, tan solo te recuerdo que el beneficiario del perdón eres tú.

Al finalizar este capítulo deseo preguntarte: ¿puedes ver lo que significa un papá y una mamá saludables en la vida de un niño? Te invito a orar. A identificar aquello que te faltó y a perdonar a quienes no te lo dieron. Recuerda que la Palabra del Señor nos sana y nos ayuda a conocer quiénes somos y quién es nuestro Padre Celestial.

Anteriormente te mencioné el gran énfasis que se hace en el Antiguo Testamento sobre el cuidado a los huérfanos y la viudas y como, de alguna manera, en el Nuevo Testamento, no aparece, esto es debido a la sustitución que se da por el Espíritu de adopción, recuerda que no eres huérfano, has sido adoptado.

Por último, comparto un pensamiento que me llena cada vez que lo recuerdo. En el Antiguo Testamento encontramos muchos nombres que describen la naturaleza de Dios, el Proveedor, el Sanador, el Estandarte, el Todopoderoso, el que me ve, el

Eterno, el Señor de los ejércitos, el gran Yo Soy y muchos otros, ¿no te parece curioso que todos estos nombres no aparecen en el Nuevo Testamento? te explico el por qué, todos ellos están contenidos en uno solo: ABBA.

En Romanos 8:15 (NTV) leemos: Y ustedes no han recibido un espíritu que los esclavice al miedo. En cambio, recibieron el Espíritu de Dios cuando él los adoptó como sus propios hijos. Ahora lo llamamos «Abba, Padre».

Capítulo 9

LA BENDICIÓN DE UN PADRE

A lo largo de estos capítulos hemos aprendido principios muy valiosos, y recibido herramientas para disfrutar la relación con el Padre Celestial y experimentar sus beneficios. Todos los que tenemos como hijos de Dios.

No quiero dejar de compartir otro principio fundamental del diseño de Dios para sus hijos. Con este principio, Él se aseguró de que sus hijos tuvieran bienestar, prosperidad, destino, propósito y plenitud. Con todo esto en mente, el Padre estableció algo llamado la bendición.

¿Qué es la bendición? El diccionario de la Real Academia de la Lengua Española (RAE), define bendecir como colmar de bienes a alguien o hacer que alguien prospere. Invocar en favor de alguien o de algo la bendición divina. Consagrar a Dios algo mediante determinada ceremonia.

Algunas personas también han definido bendición como el «bien decir» o decir bien. El decir o pronunciar buenas palabras sobre alguien.

Así que quiero invitarte a aprender cuatro lecciones importantes sobre el poder de bendecir o recibir bendición.

¿Dónde empezó este proceso de bendecir?

Todo lo que es bueno empezó en Dios, veamos:

> Y los bendijo con estas palabras: «Sean fructíferos y multiplíquense; llenen la tierra y sométanla; dominen a los peces del mar y a las aves del cielo, y a todos los reptiles que se arrastran por el suelo». También les dijo: «Yo les doy de la tierra todas las plantas que producen semilla y todos los árboles que dan fruto con semilla; todo esto les servirá de alimento». Y doy la hierba verde como alimento a todas las fieras de la tierra, a todas las aves del cielo y a todos los seres vivientes que se arrastran por la tierra» Y así sucedió.
>
> Génesis 1:28-30

Dice este versículo que Dios los bendijo con estas palabras y aquí empezamos a ver un patrón en la expresión: «También les dijo».

Dios habló y sucedió; y de la misma manera, lo que nosotros decimos puede marcar lo que sucederá. ¿Qué estoy tratando de decir? Que las palabras forjan nuestro destino. ¿Será que estás diciendo cosas positivas para tu vida, o tal vez, dices: «Yo no sirvo para nada, no puedo hacer las cosas»?

¡Imagina todo lo que declaras sobre tu vida! Algunas veces le pido a alguien que me ayude con alguna operación matemática y me dice: «¡No!, yo para las matemáticas soy malísimo, soy un bruto, no sirvo para eso». Pues permíteme decirte que tus palabras están forjando tu futuro y determinando límites sobre tu vida.

Dios mismo pronunció palabras que determinarían el destino de su creación y a eso lo llamó bendición. Es más, entendemos que absolutamente todas las cosas fueron hechas por la Palabra de su poder, como afirma el primer capítulo de Génesis y también el Nuevo Testamento.

¿Dónde comenzó la bendición? En Dios.

LOS HOMBRES DE DIOS SIGUIERON ESTE EJEMPLO

Mira lo que sucedió con Isaac, el hijo de Abraham. Isaac fue engañado por Jacob, quien tenía contienda con su hermano Esaú desde el mismo vientre de su mamá. En determinado momento, Jacob le intercambia la primogenitura a Esaú o Esaú se la intercambia a Jacob por un guisado, un plato de lentejas.

Llegó un momento en el que Isaac, el padre de estos muchachos, le dice a su hijo Esaú: «Ve, caza y tráeme un guisado porque estoy por morir y te voy a bendecir»; dice la Biblia que Isaac era anciano y se estaba quedando ciego.

Rebeca, la madre de los muchachos escuchó esto y le dijo a Jacob, el menor: «Ve y consigue el cabrito más gordo. Vamos a prepararle un guisado a tu papá porque ha dicho que va a bendecir a tu hermano». Jacob se disfrazó de su hermano, se puso pieles de animales porque Esaú era muy velludo y quiso robarse la bendición de su Padre. Él entonces entró donde estaba Isaac y sucedió lo siguiente:

> Jacob se acercó y lo besó, cuando Isaac olió su ropa, lo bendijo con estas palabras: El olor de mi hijo es como el de un campo bendecido por el Señor. Que Dios te conceda el rocío del cielo. Que de la riqueza de la tierra te dé trigo y vino en abundancia. Que te sirvan los pueblos; que ante ti se inclinen las naciones. Que seas el señor de tus hermanos; que ante ti se inclinen los hijos de tu

> madre. Maldito sea el que te maldiga y bendito el que te bendiga.
>
> Génesis 27:27-29

Isaac dijo, es decir, bendijo.

¿Qué pasó con Jacob más adelante? ¿Qué sucedió con aquel que recibió esta bendición? Este es uno de los versos que más han conmocionado mi vida y le pido a Dios que lo haga con la tuya, porque si entiendes esto, comprenderás el corazón de la enseñanza de este capítulo.

> Jacob llamó a sus hijos y les dijo: «Reúnanse, que voy a declararles lo que les va a suceder en el futuro: Hijos de Jacob: acérquense y escuchen; presten atención a su padre Israel».
>
> Génesis 49:1-2

Este hombre lo que comprendió fue lo siguiente: «Lo que salió de la boca de mi Papá se cumplió en mi vida. Tengo tanta certeza de que es así, que ahora lo voy a hacer con mis hijos». Por eso él los llama y les dice: «Voy a declarar lo que les va a suceder en el futuro».

Es impresionante esto, pues cualquiera sin conocimiento puede decir: ¡Qué tipo tan soberbio! No, la realidad es que él sabía el poder que había en la bendición de un padre.

El pensamiento a resaltar en este día es que ¡bendecir implica pronunciar palabras! Nota que es en plural: palabras. Al decir te bendigo, estás diciendo algo, pero a la vez no dices mucho.

Desde que aprendí esto, empecé a evaluarme y he encontrado que de mí, usualmente, salen palabras buenas. Es difícil que me encuentre renegando, hablando tonterías o diciendo cosas que no edifican. Quizá, por escuchar a mis padres, me entrené para hablar bien, para decir bien. Justo cuando estaba preparando este tema, noté que en determinado momento le dije a alguien te bendigo. De inmediato continué hablándole lo siguiente: «¿Sabes qué? Ven para acá, te bendigo con esto, con esto y con esto». Tal vez, hemos tomado la expresión te bendigo como una muletilla.

Dios y sus seguidores describían lo que estaban declarando. Dice la Biblia con frecuencia: Y los bendijo con estas palabras.

Por decirlo de alguna manera, la bendición debe tener una explicación. Se debe describir que es lo que se está determinando o entregando a una persona. Pido al Espíritu Santo que nos dé el testimonio de lo que estoy tratando de explicar.

LA BENDICIÓN ACTIVA, PRODUCE, CAUSA Y ESTABLECE COSAS

Continuando con la historia de Jacob, él salió de la presencia de su padre Isaac con la bendición. A pesar de que lo había engañado, su madre había sido su cómplice. Entonces, entró Esaú con el guisado a la presencia de Isaac para que lo bendijera y le dijo: «Papá, acá estoy para que me bendigas».

> Isaac comenzó a temblar y, muy sobresaltado, dijo:
>
> —¿Quién fue el que ya me trajo lo que había cazado? Poco antes de que llegaras, yo me lo comí todo. Le di mi bendición, y bendecido quedará. Al escuchar Esaú las palabras de su padre, lanzó un grito aterrador y, lleno de amargura, le dijo: —¡Padre mío, te ruego que también a mí me bendigas! Pero Isaac le respondió: —Tu hermano vino y me engañó, y se llevó la bendición que a ti te correspondía. —¡Con toda razón le pusieron Jacob!

> —Replicó Esaú—. Ya van dos veces que me engaña: primero me quita mis derechos de primogénito, y ahora se lleva mi bendición. ¿No te queda ninguna bendición para mí? Isaac le respondió: —Ya lo he puesto por señor tuyo: todos sus hermanos serán siervos suyos; lo he sustentado con trigo y con vino.
>
> ¿Qué puedo hacer ahora por ti, hijo mío?
>
> Génesis 27:33-37

Este hombre sabía lo que significaba soltar una Palabra y declararla. No hay manera de que puedas regresar lo que has dicho. Esaú sabía también lo que eso significaba.

Es impresionante como las familias de hoy, sobre todo los hijos y algunas veces los padres, se pelean por una herencia, no quieren soltar ni ceder, no quieren dar. Se muere un papá y pelean por la herencia, sin embargo, en el pasado no batallaban por eso, sino que peleaban por la bendición. ¿Por qué? Porque la bendición contiene la herencia, pero el hecho de que tú recibas una herencia no significa que seas bendecido. ¿De qué sirven los bienes si no tienes la bendición?

Con esto no estoy diciendo: «Es mejor ser bendecido, pero pobre». ¡No! El que vivas en pobreza significa que no estás bendecido. Tú puedes pasar por tiempos de crisis, pero no debes vivir en eso. En la vida se requiere de momentos donde el único lugar al que puedas mirar sea al cielo para decir:

> Alzaré mis ojos a los montes; ¿De dónde vendrá mi socorro? Mi socorro viene de Jehová, que hizo los cielos y la tierra.
>
> Salmos 121 RVR1960

¿Puedes comprender el peso que hay en las palabras de un padre y en las palabras de una madre? Isaac le dijo a Esaú con respecto a Jacob: «Ya lo puse por señor tuyo». A pesar de la petición de Esaú para recibir la bendición de su padre, Jacob le dice algo como: «No puedo hijo, ya lo pronuncié».

Espero que haya entre los lectores alguna mamá o papá que comprenda hoy el poder que hay en la bendición.

¿Qué hago si no tengo un padre? ¿Qué hago si no me bendijo? ¿Qué hago si no vive, si no lo conozco, si mi papá no tiene la conciencia para bendecirme?

No es mi intención ofender algún país en particular, pero viajo a algunas ciudades donde por tradición o por muletilla los hijos les dicen a sus padres: «¡Mamá, bendición!», «¡Papá, bendición!». ¿Qué significa eso si no se tiene la conciencia de lo que se está diciendo?

Puedes buscar en oración a alguien que sea una figura de un padre, es decir, un papá sustituto o una madre sustituta. Vemos en la Biblia que esto sucedió y que estas relaciones causaron cosas grandiosas en la vida de la gente.

Algunas personas que pueden tener más tiempo en la iglesia y que han leído la Biblia me podrían decir: «Pero Jesús dijo en Mateo 23 que no debemos llamar padre a nadie aquí en la tierra, sin embargo, una regla fundamental en la interpretación bíblica es conocer el contexto. ¿A quién estaba hablando Jesús? Culturalmente, ¿qué estaba sucediendo?, ¿qué pasaba en la historia? No puedes sacar un texto del contexto. Algunas personas desarrollaron de ahí algunas frases, como la siguiente: «Un texto sacado del contexto se vuelve un pretexto».

Entonces, necesitamos analizar no tan solo lo que Jesús dijo en ese versículo, sino lo que dijo antes y después. ¿A quién le estaba hablando? Jesús se estaba dirigiendo en ese momento a los discípulos de los fariseos, a la gente de la ley, aquellos que querían verdaderamente dominar a sus discípulos, quienes buscaban recibir de ellos honra, dinero y obediencia ciega. Cuentan los historiadores que los obligaban a hacer cosas que ellos mismos no cumplían y espiritualmente los mantenían esclavos, pero querían que los llamaran padres. Quiero comentarte que esto sucede en muchos lugares; hay personas que dicen: «Yo soy tu padre espiritual, mándame los diezmos». A esos son los que Jesús está diciendo que no los llamen padres.

Un verdadero ejemplo de padre espiritual fue el apóstol Pablo; él conocía el nombre de la mamá de Timoteo, sabía el nombre de su abuela. Pablo le dice a Timoteo: «Desde niño has conocido las Sagradas Escrituras»; oraba por él, lo formó y lo bendijo. Pablo sí conocía su historia.

Quiero mencionar ahora algunos ejemplos bíblicos de padres sustitutos, hombres que, sin ser padres biológicos, trajeron bendición sobre otros. Uno que me impacta mucho es José, porque trajo bendición a quien ni siquiera era hijo de Dios.

> Así, pues, no me enviasteis acá vosotros, sino Dios, que me ha puesto por padre de Faraón, y por señor de toda su casa, y por gobernador en toda la tierra de Egipto.
>
> Génesis 45:8 RVR1960

¡Qué declaración! Un muchacho joven como José lo dijo, pues aquel que sabe quién es, no lo limitan las circunstancias.

De igual forma, vemos a Jacob en su encuentro con el gobernante de Egipto.

En ese entonces, Faraón era el hombre más poderoso que existía en el planeta tierra. Él se entera de que vendría el padre de José, pero varias cosas habían pasado en la vida de Jacob. Él había luchado con Dios y no lo soltó hasta que lo bendijo. Dice la Biblia que luchó toda la noche hasta que el ángel del Señor estiró la espada y le tocó la coyuntura; a partir de ese momento quedó cojo. La bendición más grande que Dios le dio fue cambiarle el nombre:

> Y el varón le dijo: ¿Cuál es tu nombre? Y él respondió: Jacob. Y el varón le dijo: No se dirá más tu nombre Jacob, sino Israel; porque has luchado con Dios y con los hombres, y has vencido. Entonces Jacob le preguntó, y dijo: Declárame ahora tu nombre. Y el varón respondió: ¿Por qué me preguntas por mi nombre? Y lo bendijo allí.
>
> Génesis 32:27-29 RVR1960

El ángel de Dios le preguntó su nombre y le dijo que ya no se llamaría más engañador (que es lo que significa el nombre Jacob), sino que a partir de ese día se llamaría Israel, que quiere decir, «el que gobierna con Dios», «príncipe con Dios».

Entonces, Faraón se entera de que vendría Jacob; aquel anciano sucio, quizá polvoriento y sudoroso ante el hombre más poderoso de la tierra. Dice la Biblia que el anciano se presenta y le dice: «Te bendigo Faraón». Él sabía que lo que cargaba no tenía que ver con su atuendo, que no dependía de si estaba limpio o sucio. Jacob sabía que él había tenido un encuentro con Dios y, por lo tanto, tenía la capacidad de bendecir aún al más poderoso hombre sobre la tierra.

Por todo lo anterior declaro con tanto atrevimiento lo que dijo Jacob en la Biblia: «Tráiganme a mis hijos porque les voy a declarar lo que les va a suceder en el futuro».

En este punto quiero hablar también sobre la figura paterna que puede sustituir a un padre terrenal ausente; vemos el caso de Ester. ¿Qué sucedió con ella?

> Mardoqueo tenía una prima llamada Jadasá. Esta joven, conocida también como Ester, a quien había criado porque era huérfana de padre y madre, tenía una figura atractiva y era muy hermosa. Al morir sus padres, Mardoqueo la adoptó como su hija.
>
> Ester 2:7

No quiero extenderme ahora, pero te invito a que leas el libro de Ester, donde puedes encontrar las palabras y declaraciones de esa figura sustituta que trajo tanta bendición a esta mujer, a su familia y al pueblo de Israel.

En el siguiente versículo vemos la importancia del padre espiritual:

> De hecho, aunque tuvieran ustedes miles de tutores en Cristo, padres sí que no tienen muchos, porque mediante el evangelio yo fui el padre que los engendró en Cristo Jesús.
>
> 1 Corintios 4:15

En la carta de Pablo dice:

> A Tito, mi verdadero hijo en esta fe que compartimos: Que Dios el Padre y Cristo Jesús nuestro Salvador te concedan gracia y paz.
>
> Tito 1:4

También otra referencia es:

> A Timoteo, mi verdadero hijo en la fe: Que Dios el Padre y Cristo Jesús nuestro Señor te concedan gracia, misericordia y paz.
>
> 1 Timoteo 1:2

El profeta Eliseo nos deja saber en la Biblia que tenía un papá biológico, pero encontró en Elías un mentor y un padre. Cuando Elías le puso el manto a Eliseo para que lo siguiera, este le dice: «Déjame ir a despedirme de mis padres», es decir, ¡tenía padres! Aquí vemos la importancia de los hombres de Dios en nuestro camino.

Es tan impactante la vida del profeta Elías, que llega un momento en el que Dios le dice: «Te voy a levantar, te voy a traer conmigo», y se convierte en uno de los dos hombres que nunca murió, pues fue llevado al cielo arrebatado directamente por el Señor.

La Biblia nos dice:

> Iban caminando y conversando cuando, de pronto, los separó un carro de fuego con caballos de fuego, y Elías subió al cielo en medio de un torbellino. Eliseo, viendo lo que pasaba, se puso a gritar: «¡Padre mío, padre mío, carro y fuerza conductora de Israel!» Pero no volvió a verlo. Entonces agarró su ropa y la rasgó en dos.
>
> 2 Reyes 2:11-12

En ese momento hubo una solicitud de parte de Eliseo a Elías, quien le dijo: «Sé que te vas a ir, sé que Dios te va a llevar, pero quiero pedirte algo. Que el doble de lo que hay en ti repose sobre mí». ¡Qué atrevido! Entonces Elías le responde: «Cosa difícil has pedido, pero si me ves cuando me vaya, te sucederá».

Dice entonces que Elías fue llevado al cielo y cayó el manto rasgado en dos pedazos. Entonces allí sucede algo impresionante; Eliseo toma el manto de Elías y hace una pregunta al cielo: «¿Dónde está el Dios de Elías?». Él le pega al río Jordán y este se abre. Los profetas que están allí dicen: «Definitivamente lo que estaba en Elías reposa en Eliseo».

Si estudias los milagros de Elías con relación a los milagros de Eliseo, puedes tener presente lo que pidió Eliseo.

¿Qué pidió? El doble de lo que Dios había puesto en Elías. Entre tanto vivió Eliseo hizo el doble de milagros de Elías menos uno, pero cuenta la Biblia en el libro de Reyes, que en determinado momento iban unos hombres llevando un muerto al cementerio y vinieron unos atracadores; entonces, estos hombres salieron corriendo y tiraron al muerto que cayó sobre los huesos de Eliseo. Cuando el muerto tocó los huesos resucitó. Allí se cumplió la doble unción que pidió. ¡Se cumplió el doble de milagros!

¿Por qué razón te digo esto? Porque hay palabras que despiertan cosas, que hacen que algo nazca en ti y se active. Es lamentable que la gran mayoría de personas no escucharon estas palabras o escucharon unas muy diferentes. Un ejemplo de palabras contrarias a la bendición de Dios son las expresiones: «Usted no sirve para nada, nunca va a salir adelante, estudie para que sea alguien»; eso es una maldición.

Probablemente muchos conocen al pastor Andrés Corson, quien lidera una de las iglesias más influyentes de Bogotá: El Lugar de Su Presencia. Recuerdo que escuché una enseñanza en la que decía: «Llegó un momento en que la iglesia creció, pero se estancó. Yo oraba a Dios y no encontraba qué era lo que estaba sucediendo». Él dice que en determinado momento el Señor le dijo: «Necesitas recibir la bendición de alguien». Entonces, un día se encontró con el pastor César Castellanos; si hay alguien que tiene la unción de multitudes y el respaldo de Dios es este hombre. Para tener una idea, en la ciudad donde yo nací, en Bogotá, Colombia, la reunión de jóvenes de su iglesia se llevaba a cabo en un estadio que tenía que alquilar con capacidad para veinte o treinta mil personas.

El pastor Andrés cuenta que se encontró con el pastor Cesar y le dijo: «Necesito que me bendigas con lo que recibiste de Dios». Él dice: «Este hombre oró por mí, me impuso las manos y la vida del ministerio fue totalmente diferente». En la actualidad, creo que su congregación tiene entre cuarenta y cincuenta mil miembros.

Un domingo, en la reunión de la mañana, había una mujer que me dijo: «Pastor, sobre ti y sobre esta casa reposa una unción de prosperidad, una unción de multiplicación. A todos en mi área no les va bien en los negocios, pero yo estoy de la mejor manera».

Debes buscar qué te hace falta en tu vida y empezar a relacionarte con el tipo de personas que te puedan bendecir, aunque esto no se trata de magia. Puedo imponerte las manos, pero si sigues siendo ladrón y no eres fiel en tus principios, como en el diezmo, no va a pasar absolutamente nada.

LAS BENDICIONES DE DIOS REQUIEREN OBEDIENCIA

¿Quieres levantar hijos en bendición? Ve y busca hombres y mujeres que tengan hijos maduros, llenos de la gracia de Dios. ¿Quieres levantar negocios en bendición? Ve y busca hombres y mujeres de negocios, ingeniosos, sabios; relaciónate con ellos, diles en algún instante: «Necesito que me bendigas».

Para finalizar este libro, deseo compartir contigo una carta que escribí a mi hija Marianna; es mi bendición para ella.

En algunos de los países donde he tenido el honor de predicar, Dios me ha instruido a declarar estas palabras sobre las personas que nunca recibieron la bendición de sus padres. Tengo el honor de que muchas personas de diversas edades me vean como un padre sustituto; es una gran responsabilidad y un privilegio. He declarado estas palabras sobre ellos y hoy pido al Espíritu Santo que cada lector las pueda recibir en su corazón.

Antes de compartir la carta de bendición y finalizar este libro, recuerda que la Palabra de Dios dice:

> Aunque tu padre y tu madre te hayan abandonado, con todo, el Señor te recogerá.
>
> Salmos 27

Recuerda que la Palabra dice que no has recibido un espíritu de esclavitud para regresar al temor, ¡tú fuiste adoptado! Por último, recuerda también que la Biblia dice que ¡el Padre nos ha bendecido con toda bendición espiritual en los lugares celestiales en Cristo Jesús!

Disfruta tu verdadera identidad, eres un hijo, una hija amada por Dios. Busca al Señor y pide al Espíritu Santo que dirija tu vida y la vida de tus seres queridos, para que disfruten de todos los beneficios que el Padre tiene preparados para sus hijos.

Bendición Paterna

Amado(a) hijo(a), hoy invoco al eterno Dios de mis padres, a mi Padre Celestial, a su amado Hijo Jesucristo, mi Señor y Salvador, al todopoderoso Espíritu Santo para que te bendigan en cada área de tu vida.

El Señor te bendiga y te guarde; el Señor te mire con agrado y te extienda su amor; el Señor te muestre su favor y te conceda la paz.

Que te bendiga con buena salud, fortaleza y larga vida.

Que te bendiga con una mente cuerda y emociones saludables.

Que te bendiga con extrema sabiduría e inteligencia.

Que te bendiga con favor y gracia.

Que el gozo y la paz te den la bienvenida con brazos abiertos.

Que te bendiga Dios con la certeza de que eres una hija amada y aceptada por el Padre.

Que ángeles acampen alrededor de tu casa y que te acompañen en todo lugar donde vayas.

Que te regale un matrimonio sólido, deleitoso y saludable que nunca sufra separación.

Que Dios bendiga tu simiente y tu vientre.

Que tú y tus hijos sean de sanidad y bendición a las naciones de la tierra.

Que mi Dios bendiga el fruto de tu trabajo y todo emprendimiento de bien.

Que no sufras del temor ni la persecución que sufren los malvados.

Que reboses en dones y en toda buena dádiva que proviene del Padre de las alturas.

Que descubras y vivas tu propósito hasta el último suspiro.

Que el mayor amor de tu corazón y el de tu familia, sea el Dios de los cielos.

Que abundes en bienes y seas generosa con tus semejantes.

Que ames, honres y te acompañe la Presencia de Dios.

Que honres al Señor tu Dios con todo lo que te dé.

Que nunca conozcas la deuda, la pobreza ni la escasez.

Que la Palabra de Dios sea tu alimento y deleite diario.

Que nunca falte en tu boca una palabra de agradecimiento y adoración a Dios.

Que seas cabeza y no cola, que estés arriba y no abajo.

Que te respete el anciano y que el joven te admire.

Que cada mañana despiertes con una alabanza en tu espíritu.

Que duermas en paz y Dios guarde tu descanso.

Que todos los días de tu vida el bien y la misericordia de Dios te sigan y en la casa del Padre vivas por la eternidad.

Palabras finales

Como lo dije desde las primeras palabras de este libro, el tema de la Paternidad de Dios me conmueve, apasiona e impulsa como ningún otro. Espero que hayas sido transformado por medio de esta lectura, a la que llamo «la revelación más importante que un creyente puede tener en su caminar en la fe».

Oro al Padre para que esta revelación te impulse, en primer lugar, a fortalecer tu relación con Dios, esa que te da identidad, te sana y te permite experimentar cuán profundamente amado eres; y en segundo lugar, te animo a que asumas la paternidad como una misión sagrada y urgente, especialmente en medio de una generación profundamente herida por la orfandad.

Nunca olvides que Jesús vino a enseñarnos a vivir como hijos y no como siervos; al tener clara esta verdad, nuestro servicio en el Reino de Dios estará cimentado en nuestra identidad y no en lo que hacemos. Un hijo nunca servirá en la casa de su Padre de la misma forma en la que lo hará un siervo, pues el hijo sirve por agradecimiento y amor, mientras el siervo lo hace por temor u obligación.

Nos enfrentamos a la etapa más interesante de la historia de la iglesia, y por esa razón creo que es vital tener una identidad clara, que nos lleve al cumplimiento de nuestro destino y propósito en Dios. Recuerda que una vez adoptado, serás hijo del Padre por la eternidad.

Esta verdad nos debería impulsar a convertirnos en unos hijos apasionados que comparten su fe de una manera valiente, constante y firme. Es necesario recordar que la paga por el pecado del mundo ya fue satisfecha en la cruz del calvario, y esta redención está disponible para todo aquel que desee aceptarla. No desperdiciemos el sacrificio de Jesús en la cruz, recuerda lo que la Palabra nos dice:

> «El Señor no tarda en cumplir su promesa, según entienden algunos la tardanza. Más bien, él tiene paciencia con ustedes, porque no quiere que nadie perezca, sino que todos se arrepientan».
>
> 2 Pedro 3:9

Te invito a que establezcas como una prioridad el compartir tu fe. Mientras escribo estas últimas líneas, el mundo está siendo testigo de guerras y conflictos internacionales, hay muchas personas con miedo e incertidumbre, no saben qué puede ocurrir en el futuro; nosotros, por otro lado, tenemos la certeza del poder salvador del Evangelio de Jesucristo. Así que, no calles, anuncia, proclama que hay un Padre bueno que estuvo dispuesto a dar a su hijo Jesús para reconciliar a la humanidad con él, la Biblia nos dice:

> «Todo esto proviene de Dios, quien por medio de Cristo nos reconcilió consigo mismo y nos dio el ministerio de la reconciliación: esto es, que en Cristo, Dios estaba reconciliando al mundo consigo mismo, no tomándole en cuenta sus pecados y encargándonos a nosotros el mensaje de la reconciliación. Así que somos embajadores de

> Cristo, como si Dios los exhortara a ustedes por medio de nosotros: "En nombre de Cristo les rogamos que se reconcilien con Dios"».
>
> 2 Corintios 5:18-20

Nuestro Padre nos ha encomendado el ministerio de la reconciliación, por favor, vuelve a leer este pasaje y enfócate en el hecho del clamor vívido de nuestro Dios: «Les ruego que se reconcilien conmigo».

Él es el mismo Padre que salió al encuentro de su hijo en la parábola del hijo pródigo, que demuestra la magnitud del amor de Dios. El abrazo del Padre aún está disponible, hay muchos anillos, vestidos, calzado y un banquete para sentarnos a la mesa en familia.

Te bendigo y recuerda siempre que eres un hijo de Dios al que su Padre le ha entregado el ministerio de la reconciliación.

¡Nos vemos en el banquete del Padre!

MANUAL DE ESTUDIO

Capítulo 1

EL HIJO PRÓDIGO

Al leer este capítulo es posible que hayas tenido grandes descubrimientos de cosas que habían estado desde siempre escritas pero que no tuviste oportunidad de identificar hasta hoy, ¿puedes escribir algunas de ellas?

____

____

____

____

¿Cuál es tu opinión sobre la declaración que hay muchas personas que saben que hay un Padre Celestial pero no conocen lo que implica ser su hijo?

____

____

____

____

Después de finalizar este capítulo ¿qué opinas sobre la actitud y decisiones del hijo menor?

____

____

____

Después de finalizar este capítulo ¿qué opinas sobre la actitud y decisiones del hijo mayor?

____

____

____

____

¿Alguna vez habías visto que el padre entregó la herencia a los dos hijos? ¿qué opinas al respecto?

____

____

____

____

¿Qué aprendiste sobre la naturaleza del Padre por medio de esta parábola?

____

____

____

____

Al leer este capítulo, ¿cuáles han sido tus descubrimientos o conclusiones sobre tu relación con el Padre Celestial?

____

____

____

____

Capítulo 2

DE REGRESO AL EDÉN

1. Si tu punto de vista (visión, forma de pensar, ideas, cultura, experiencias) acerca de alguien, define el tipo de relación que sostienes o cultivas con esa persona, aquí y ahora pregúntate, ¿cuál es tu realidad con Dios? ¿Te identificas con alguno de los escenarios a continuación?

	Punto de vista	Relación
a.	Dios es un ser ajeno para mí.	No lo conozco.
b.	Es fruto de la religión, la tradición y la cultura.	De algún modo, he escuchado de Él, pero no tengo una experiencia personal significativa.
c.	Es alguien que castiga a los que incumplen las normas.	No quiero que me vaya mal, por eso asisto a las reuniones, soy solidario con los pobres, cumplo los mandamientos y hasta me ofrezco para ayudar.
d.	Hice una oración de fe hace algún tiempo.	Cuando muera iré al cielo; mientras tanto, quisiera avanzar en mi fe; me siento estancado.
e.	Soy cristiano hace muchos años.	No vivo como un hijo de Dios porque no lo veo como un Padre.
f.	¿Cuál es tu caso?	

2. Según los siguientes versículos, ¿cuándo una persona deja de ser una «criatura» y se convierte en un hijo de Dios (cambio de estatus)?

> Mas a cuantos lo recibieron, a los que creen en su Nombre, les dio el derecho de ser hijos de Dios.
>
> Juan 1:12

> Todos ustedes son hijos de Dios mediante la fe en Cristo Jesús.
>
> Gálatas 3:26

____

____

3. Es común escuchar que «todos los caminos (religiones, filosofías, prácticas, creencias) van al cielo o conducen a Dios». ¿Cómo responderías bíblicamente a este postulado?

> Jesús le respondió: Yo soy el camino, la verdad y la vida. Sin mí, nadie puede llegar a Dios el Padre.
>
> Juan 14:6 TLA

> Porque de tal manera amó Dios al mundo, que ha dado a su Hijo unigénito, para que todo aquel que en Él cree, no se pierda, mas tenga vida eterna. Porque no envió Dios a su Hijo al mundo para condenar al mundo, sino para que el mundo sea salvo por Él.
>
> Juan 3:16-17 RVR1960

De hecho, en ningún otro hay salvación, porque no hay bajo el cielo otro Nombre dado a los hombres mediante el cual podamos ser salvos.

Hechos 4:12

El que tiene al Hijo, tiene la vida; el que no tiene al Hijo de Dios, no tiene la vida.

1 Juan 5:12

Porque hay un solo Dios y un solo mediador entre Dios y los hombres, Jesucristo hombre, quien dio su vida como rescate por todos. Este testimonio Dios lo ha dado a su debido tiempo.

1 Timoteo 2:5-6

____

____

3.1 Según los pasajes anteriores, ¿quién es el protagonista de la fe y responsable de nuestra Salvación?

____

____

Sabías que...

En esta época posmoderna, algunas cosmovisiones son:

- Humanismo: Centrado en el ser humano y en buscar sentido a la vida a través de la razón.
- Creacionismo: Afirma que el ser humano fue creado por Dios.

- Naturalismo: Se trata de que la naturaleza es el principio de todo lo que es real y existente.
- Animismo (Nueva Era): Cree que objetos, lugares y todas las criaturas poseen un espíritu.
- Panteísmo: Considera que Dios, el universo, la naturaleza y las deidades monoteístas son lo mismo.

4. En los capítulos 1 y 2 del libro de Génesis encontramos que «el plan original» era una relación entre Dios y el hombre caracterizada por gozar de intimidad, bendición, provisión, salud, abundancia, felicidad, influencia, liderazgo y multiplicación. En el capítulo 3, el hombre y la mujer decidieron apartarse de ese plan. Jesús vino a reconciliarnos con Dios y nos encargó darle continuidad a esa misión:

> Esto es, que en Cristo, Dios estaba reconciliando al mundo consigo mismo, no tomándole en cuenta sus pecados y encargándonos a nosotros el mensaje de la reconciliación.
>
> 2 Corintios 5:19

¿De qué manera puedes ser parte de la Gran Comisión en los siguientes lugares?

En tu casa	
En tu trabajo	
En tu colegio o universidad	
En tu iglesia	
En tu ciudad	

La Biblia es la historia de un Rey, Su Reino y su familia real; tú y yo somos parte de esa realeza.

Capítulo 3

PERFIL DE UNA GENERACIÓN HUÉRFANA

1. El autor habla de un «proceso de degradación social», producto de la orfandad. Escribe cuatro ejemplos o casos que evidencien esta degradación social en nuestro mundo.

____

____

____

____

2. ¿Quién es un huérfano?

____

____

____

____

3. «La paternidad más que una condición es una decisión». ¿En qué consiste la encomienda especial de Dios para los varones? ¿Qué quiere señalar el autor cuando menciona que «la paternidad es un canal de sanidad»?

____

____

____

«Lo primero que tome la mente de un niño, será lo que lo gobierne por el resto de sus días».

La Biblia dice:

> Instruye al niño en el camino correcto, y aun en su vejez no lo abandonará.
>
> Proverbios 22:6

4. ¿Cuál es el perfil de una generación huérfana? En tus propias palabras y según la lectura sobre este tema, explica cada característica:

CARACTERÍSTICAS	
Identidad distorsionada	
Inestabilidad emocional	
Dificultad para establecer una relación saludable con el Padre Celestial	

5. ¿Qué significa un «cristiano termómetro» y un «cristiano termostato»? ¿Cuál es la diferencia?

____

____

____

____

6. ¿Por qué puedes estar seguro de que estás capacitado para ser un «padre» que es un canal de sanidad a otros? Lee la siguiente porción de la Palabra de Dios:

> Si ustedes me aman, obedecerán mis mandamientos. Y yo le pediré al Padre, y él les dará otro Consolador para que los acompañe siempre: el Espíritu de verdad, a quien el mundo no puede aceptar porque no lo ve ni lo conoce. Pero ustedes sí lo conocen, porque vive con ustedes y estará en ustedes. No los voy a dejar huérfanos; volveré a ustedes.
>
> Juan 14:15-18

«La normalidad de un hijo de Dios solo la establece Dios; lo demás es pura anormalidad».

Capítulo 4

TEORÍA VERSUS PRÁCTICA

1. ¿Qué implica el concepto de la adopción? ¿Qué paralelo puedes establecer cuando piensas en que fuiste adoptado por Dios, o quizá, en que necesitas experimentar esta adopción? (Establece un paralelo entre las características de la adopción de Dios y la adopción legal de un niño).

____

____

____

____

2. ¿Las personas que no están seguras de su destino eterno (salvación) es porque tampoco han recibido el Espíritu de adopción? Argumenta tu respuesta.

____

____

____

____

3. ¿Obedeces a Dios por miedo o porque entiendes la obediencia como un acto de honra en respuesta a su amor? Argumenta tu respuesta.

____

____

4. ¿Pecado personal? ¿Pecado familiar?

> «Una persona adoptada por Dios comenzará un proceso de transformación y asimilación de su nueva identidad y esto no es automático ni inmediato; renovar la mente requiere tiempo».

Cuando aceptas a Jesús como tu Salvador, tu espíritu se conecta con Él; sin embargo, la mente (el alma) y todo lo que está alojado en ella (toda tu historia) puede dificultar el proceso de recibir el Espíritu de adopción que te permite percibir a Dios como tu Papá.

Muchos de tus comportamientos son aprendizajes de tu familia, sin embargo, delante de Dios no son «normales». Identifica algunos de ellos.

Promiscuidad	Infidelidad	Ira	Violencia
Alcoholismo	Celos	Pereza	Tacañería
Uso de sustancias	Gritería	Mentira	Racismo
Fornicación	Desorden	Glotonería	Discriminación
Religiosidad	Inmoralidad	Deuda	Codependencia
Egoísmo	Mediocridad	Ocultismo	Otros (¿Cuáles?)

«La adopción fue un evento instantáneo; la solución es un proceso».

5. El autor menciona dos conceptos: «Identidad espiritual e identidad emocional». ¿Por qué la identidad espiritual debe tomar control de la identidad emocional (recursos, voluntad, emociones)?

____

____

____

____

6. ¿Cómo trasladarse de la teoría a la práctica según el siguiente versículo?

> «No se amolden al mundo actual, sino sean transformados mediante la renovación de su mente. Así podrán comprobar cuál es la voluntad de Dios, buena, agradable y perfecta».
>
> Romanos 12:2

____

____

____

____

Capítulo 5

ORFANDAD VERSUS ADOPCIÓN

1. ¿Se pierde la salvación según la siguiente porción de la Palabra? Argumenta tu respuesta.

> Ustedes han sido salvados porque aceptaron el amor de Dios. Ninguno de ustedes se ganó la salvación, sino que Dios se la regaló. La salvación de ustedes no es el resultado de sus propios esfuerzos. Por eso nadie puede sentirse orgulloso.
>
> Efesios 2:8-9 TLA

____

____

____

____

2. Una persona que ha tenido un encuentro verdadero con Jesús, evidencia transformación o en otras palabras «frutos de arrepentimiento». Quiere decir que es posible establecer una diferencia entre la «vieja manera de vivir» y la «nueva vida en Cristo». En el siguiente cuadro, haz memoria de los cambios que hoy son notorios en ti o quizá, el proceso de transformación que vives actualmente:

Vieja manera de vivir (antigua naturaleza)	Nueva vida en Cristo

3. ¿A qué se refiere el autor cuando habla de «ADN espiritual»?

4. Sabemos que una vez que alguien acepta a Jesús como su Salvador personal, todas las maldiciones generacionales o cadenas dañinas heredadas de sus antepasados quedan destruidas; sin embargo, no es evidente un cambio de vida de manera instantánea. ¿Por qué?

5. Según el siguiente versículo, ¿cuál es el secreto de una vida transformada?

> No se amolden al mundo actual, sino sean transformados mediante la renovación de su mente. Así podrán

comprobar cuál es la voluntad de Dios, buena, agradable y perfecta.

Romanos 12:2

____

____

____

____

«El amor de tu Padre Celestial es independiente de tu conducta». A pesar de tus fallas, Él te sigue amando.

6. ¿Qué es el síndrome de esclavo o la mentalidad de huérfano?

Identifica sus características:

- En el área espiritual te conduce a un desierto.
- En tu voluntad te lleva a ser independiente y rebelde.
- Interpreta la bendición como una carga (ingratitud) o como un derecho (merecimiento).
- En tus recursos (provisión) te lleva a tener temor al momento de dar.

9

Capítulo 6

HEREDEROS

1. ¿Qué significa ser coheredero con Cristo?

> Ustedes ya son hijos. Dios ha enviado a nuestros corazones el Espíritu de su Hijo, que clama: «¡Abba! ¡Padre!» Así que ya no eres esclavo, sino hijo; y, como eres hijo, Dios te ha hecho también heredero.
>
> Gálatas 4:6-7

____

____

____

____

2. ¿Cuáles son las características de un hijo inmaduro?

____

____

____

____

3. ¿Cuáles son los beneficios que tienen los hijos? ¿En qué consiste esa herencia?

«Esa herencia está constituida por dos partes: la vida en abundancia y la vida eterna».

Define vida eterna (1 Pedro 1:3-5; Juan 17:3).

Define vida en abundancia (Juan 10:10).

4. ¿Quién es Jesús para ti?

Capítulo 7

BENEFICIOS

«...esa herencia que se manifestará completamente en el momento en que seamos llevados delante del Señor y estemos con Él por la eternidad. He explicado que esa herencia tiene dos componentes; el que experimentaremos en el futuro y aquel que podemos disfrutar desde ahora, desde el día en que recibimos a Jesucristo como Señor y Salvador».

¿Cómo se manifiesta la herencia de Dios para sus hijos aquí en la tierra? Explica cada beneficio con tus propias palabras, según el capítulo 7 de este libro.

1. El Espíritu Santo (sello).

2. Guía del Espíritu.

3. Saber que eres amado por Dios.

4. Poder comunicarte libremente con Él.

5. Capacidad para tener intimidad con Dios.

6. Seguridad de Salvación.

7. Intercesión ante el Padre.

8. Provisión, comida y vestido.

9. Vida física y emocional estable.

10. Buenas cosas.

Capítulo 8

UNA DECISIÓN

1. Antes de leer este libro, ¿dirías que tu imagen de Dios era saludable? ¿Por qué?

____

____

____

____

2. ¿Eras consciente de que tu relación con tus padres biológicos es un factor determinante al momento de acercarte a Dios? ¿Lo habías visto como tu Padre Celestial?

____

____

____

____

3. ¿Cuáles son los aspectos de Dios que mostramos a nuestros hijos? Completa la tabla a continuación y escribe las acciones (ejemplos) concretas con las que puedes demostrar tales aspectos.

«Hay aspectos del carácter de Dios que son mostrados fácil y naturalmente por el varón; de igual manera, hay aspectos del carácter de Dios que son mostrados fácil y naturalmente por la mujer».

Aspectos de Dios	Cómo demostrarlo

4. ¿Crees que hay áreas en tu vida que necesitas cambiar? ¿Qué dirían los demás?

____

____

____

____

Hay una clave que inicia el proceso de sanidad y de conocimiento de la Paternidad de Dios y es bien sencilla, se llama perdón.

El punto es el siguiente: La falta de perdón no te deja ver las áreas en tu vida en las que hay errores y al estar ciego no reconoces el pecado, por lo tanto, no pides ni recibes perdón. Un pecado sin confesar, ¿cómo va a recibir perdón?

¿Esto qué significa? Qué si para ti algo no es un error o no está mal, porque eso fue lo que recibiste, ¿cómo llegarás en algún instante a pedir perdón?

5. ¿Reconoces algunos patrones de comportamiento «normales en tu hogar», que nunca juzgaste como «malos», pero que están afectando tus relaciones? Menciona estos patrones.

6. ¿Por qué asuntos específicamente debes pedir perdón? ¿A quién(es)?

Ora. Identifica las cosas de las que has carecido y perdona a las personas que te causaron una distorsión en la imagen de Dios. Recuerda que la Palabra nos sana y nos enseña quiénes somos y quién es nuestro Padre Celestial.

Capítulo 9

LA BENDICIÓN DEL PADRE

«Las palabras forjan tu destino».

1. ¿Qué significa «bendecir»?

____

____

____

____

2. Si tu destino y el de tu familia dependieran de la calidad y el poder de tus declaraciones, ¿hasta dónde llegarían? ¿Qué estás declarando? ¿Hablas buenas cosas? ¿Qué deberías comenzar a declarar desde ahora?

____

____

____

____

Resumen:

- El acto de bendecir comenzó en Dios.
- Los hombres de Dios siguieron este ejemplo.
- La bendición es activa, produce, causa y establece cosas.
- Es válido buscar la bendición en padres sustitutos.

3. ¿Qué áreas o asuntos necesitan activarse de forma evidente en tu vida?

____

____

____

____

«Las bendiciones de Dios requieren obediencia».

4. A continuación, en un tiempo de oración, medita en estas palabras de la Bendición Paterna que vimos anteriormente:

En este día invoco al Eterno Dios de mis padres, a mi Padre Celestial, a su amado Hijo Jesucristo, mi Señor y Salvador, al Todopoderoso Espíritu Santo para que te bendigan en cada área de tu vida.

> El Señor te bendiga y te guarde; el Señor te mire con agrado y te extienda su amor; el Señor te muestre su favor y te conceda la paz.
>
> Números 6:24-26

Que te bendiga con buena salud, fortaleza y larga vida.

Que te bendiga con una mente cuerda y emociones saludables.

Que te bendiga con extrema sabiduría e inteligencia.

Que te bendiga con favor y gracia.

Que el gozo y la paz te den la bienvenida con brazos abiertos.

Que te bendiga Dios con la certeza de que eres un hijo amado y aceptado por el Padre.

Que ángeles acampen alrededor de tu casa y que te acompañen en todo lugar a donde vayas.

Que te regale un matrimonio sólido, deleitoso y saludable que nunca sufra separación.

Que Dios bendiga tu simiente y tu vientre.

Que tú y tus hijos sean de sanidad y bendición a las naciones de la tierra.

Que mi Dios bendiga el fruto de tu trabajo y todo emprendimiento de bien.

Que no sufras del temor ni la persecución que sufren los malvados.

Que reboses en dones y en toda buena dádiva que proviene del Padre de las alturas.

Que descubras y vivas tu Propósito hasta el último suspiro.

Que el mayor amor de tu corazón y el de tu familia, sea el Dios de los cielos.

Que abundes en bienes y seas generoso con tus semejantes.

Que ames, honres y te acompañe la Presencia de Dios. Que honres al Señor tu Dios con todo lo que te dé.

Que nunca conozcas la deuda, la pobreza ni la escasez. Que la Palabra de Dios sea tu alimento y deleite diario.

Que nunca falte en tu boca una palabra de agradecimiento y adoración a Dios.

Que seas cabeza y no cola, que estés arriba y no abajo. Que te respete el anciano y que el joven te admire.

Que cada mañana despiertes con una alabanza en tu espíritu.

Que duermas en paz y Dios guarde tu descanso.

Que todos los días de tu vida el bien y la misericordia de Dios te sigan y en la casa del Padre vivas por la eternidad.

La bondad y el amor me seguirán todos los días de mi vida; y en la casa del Señor habitaré para siempre.

Salmos 23:6

Ciertamente el bien y la misericordia me seguirán todos los días de mi vida,
Y en la casa de Jehová moraré por largos días.